Elke Andersen

Lichterglanz in aller Welt

Multikulturell durch die
Winter- und Weihnachtszeit

Elke Andersen

Lichterglanz in aller Welt

Multikulturell durch die Winter- und Weihnachtszeit

FREIBURG · BASEL · WIEN

Meinen Eltern gewidmet, die mich die christlichen Bräuche gelehrt haben.
Elke Andersen

Gedruckt auf umweltfreundlichem, chlorfrei gebleichtem Papier

Umschlaggestaltung: R·M·E Roland Eschlbeck/Rosemarie Kreuzer
Umschlagfoto: Albert Josef Schmidt, Freiburg
Illustrationen: Christiane Pieper, Wuppertal
Lektorat: Cornelia Schönfeld, Freiburg

Alle Rechte vorbehalten - Printed in Germany
© Verlag Herder Freiburg im Breisgau 2002
www.herder.de

Layout und Satz: HellaDesign, Emmendingen
Druck und Bindung: fgb · freiburger graphische betriebe 2002
www.fgb.de

ISBN: 3-451-27921-5

INHALT

Vorwort 9

1. Gemeinsam leben, gemeinsam feiern

1.1	Voneinander lernen	10
1.2	Die Bedeutung von Bräuchen und Ritualen für Kinder ..	12
1.3	Feiern nach dem Kalender	14
1.4	Die Feste in anderen Weltreligionen	18

2. Advents- und Weihnachtszeit in Deutschland

2.1	So kam das Weihnachtsfest in die Stube	24
2.2	Bräuche und Rituale	25
2.3	Geschenk- und Dekorationsideen	30
2.4	Geschichten, Lieder und Spiele	38
2.5	Rezepte	44

3. Winter- und Weihnachtszeit in anderen Kulturen

3.1	Nordeuropa	47
3.2	Mittel- und Westeuropa	53
3.3	Osteuropa	55
3.4	Südeuropa	58
3.5	Nordmerika	63
3.6	Mittel- und Südamerika	64
3.7	Australien	66
3.8	Afrika	67
3.9	Asien	67

4. Lichterglanz aus aller Welt

4.1	Sankt Martin	70
4.2	Luzia, das schwedische Lichterfest	72
4.3	Lucia, das italienische Lichterfest	74
4.4	Chanukka, das jüdische Lichterfest	74
4.5	Diwali, das hinduistische Lichterfest	76
4.6	Spiele, Lieder und Gestaltungsideen	77
4.7	Rezepte	97

5. Silvester- und Neujahrsbräuche in aller Welt

5.1	Bräuche und Rituale	109
5.2	Rezepte	121

6. Service

6.1	Bücher, CDs, Filme, Internetseiten	126

Feste
Weihnachten – Nikolaus – Advent – Barbaratag – Zuckerfest – Sankt Martin – Luzia-Fest – Chanukka – Diwali – Die Heiligen Drei Könige – Silvester – Neujahr – Rosch Haschana – Jom Kippur – Befana – Nouroz-Fest

Rezepte
Gebäck aus Mürbeteig – Mini-Knusper-Häuschen – Zuckerkartoffeln – Martinsweckchen – Gänse backen – Gefüllte Martinsgans – Latkes – Sufganiot – Bulau – Khir – Puris – Baingan Ka Raytas – Ekuri – Lassi – Lussekater – Schwedische Julkuchen – Lokum – Baklava – Apfelspeise – Kesaracha Bhate – Kourambiedes – M Chalwich – Kichererbsenpaste – Glücksschwein – Möhrenblüten – Gebratener Reis mit Zwiebeln – Hurnik – Kutlekk – Grar – Lammtopf – Süßer Reisbrei

Gestalten
Adventskranz – Zweige für den Barbaratag – Verzierte Kerzen – Kerzenlicht im Blumentopf – Nuss-Schalen-Wiege – Wachsanhänger – Weihnachtsteller – Vogelfutter – Papierapfel – Weihnachtsberg – Kurbeltheater – Gänselaterne – Dosenlaterne – Dreidel – Neunarmige Leuchter – Öllämpchen – Stoffe färben – Fatimas Hand – Kugeltrommel – Ton-Glocken – Befana – Kochbuch

Lieder
Kommet Ihr Hirten – Laternenlied – Sankta Luzia – Tre Peparkaksgubbar – Belimi – Drei Königslied – Questa sera

Spiele
Krippenspiele – Mondspiel – Kerzepnspiel – Schattenraten – Schnupperdosen – Gewürzeraten

Erzählen

Luftpost für den Weihnachtsmann – Das Weihnachtswunschtraumbett – Die Weihnachtsgeschichte – Fröhliche Weihnachten, Rachid – Das Geheimnis des Weihnachtsberges – Neujahrsmärchen aus Taiwan

VORWORT

In Deutschland leben heute Menschen vieler verschiedener Kulturen. Es ist beinahe selbstverständlich, dass Kinder unterschiedlicher Herkunft und Religionen gemeinsam Kindergärten und Schulen besuchen, wo sie gemeinsam leben und lernen. Damit dies gelingt, muss jedes Kind seine eigene Identität entwickeln und sich seiner eigenen Kultur bewusst werden können. Einseitige Anpassung oder gar Unterordnung ist für ein gemeinsames Zusammenleben nicht förderlich. Die Aspekte anderer Kulturen müssen für alle sichtbar gemacht und als Bereicherung erfahrbar werden. Alltagssituationen müssen integrativ gelöst werden. So kann jedes Kind den Ort als Heimat erfahren, wo es heranwächst und lernt, wo es Freunde findet und sich geborgen fühlt.
In der praktischen pädagogischen Arbeit setzt dieser Anspruch eine sensible Herangehensweise und umfassendes Wissen über den kulturellen Hintergrund der Kinder voraus. Wichtig ist dabei unter anderem, wie die Kinder wohnen, was sie essen oder wie ihre Familien leben. Wichtig für das kulturelle Verständnis ist die umfassende Kenntnis aller Lebensbereiche eines Menschen, die von Generation zu Generation weitergegeben werden. Zu beachten ist dabei außerdem, dass sich Kultur mehr oder weniger schnell durch neue Lebensumstände und erlernbare Verhaltensweisen verändert. Ausländische Kinder leben oftmals in zwei verschiedenen Kulturen gleichzeitig – sie leben sowohl in der Kultur ihres Herkunftslandes als auch in der Kultur ihres Gastlandes. An diesen Lebensumständen der Kinder muss sich die Elternarbeit orientieren. Es gilt, Kontakte herzustellen und eventuelle Vorurteile abzubauen. Feste und Feiertage können dabei sehr hilfreich sein. Oftmals bieten die Vorbereitungen für ein Fest eine gute Gelegenheit, um sich gegenseitig kennen und miteinander leben zu lernen. So bringen deutsche Familien ausländischen Familien unsere Feste näher und umgekehrt ausländische Familien ihre Feste den anderen Familien. Kinder und Eltern lernen, einander besser zu verstehen und ihre Traditionen zu achten.

1 GEMEINSAM LEBEN, GEMEINSAM FEIERN

1.1 Voneinander lernen

Deutschland ist bunter geworden. Viele Kulturen haben sich mit unseren Traditionen und unserer Kultur verwoben. Wenn wir diese kulturelle Vielfalt zulassen, werden wir alle reicher an Erfahrungen und an Wertschätzung, werden wir alle eine neue Welt erleben. Erreichen lässt sich dies jedoch nicht mit einzelnen Projekten, Rezepten oder Bastelarbeiten. Voraussetzung für ein gegenseitiges Verstehen und respektvolles miteinander Leben sind Offenheit und Toleranz.

Wir Pädagogen arbeiten täglich mit Kindern verschiedener ethnischer und religiöser Herkunft zusammen. Doch bei aller Verschiedenheit ist all diesen Kindern eines gemeinsam: Sie alle haben ihre besonderen Feier- und Festtage. Sie prägen den Alltag der verschiedenen Kulturen und Religionen. Sie folgen unterschiedlichen Regeln, Ursprüngen und Ausprägungen. Nutzen wir diese vielen Feier- und Festtage, denen wir in unserer täglichen Arbeit begegnen, um zumindest einen kleinen Einblick in die Vielfalt der Traditionen und Kulturen unserer Welt zu erhalten. Denken wir daran, Feste sind ein gemeinsames Erlebnis. Egal, ob sie im großen oder kleinen Kreis begangen werden. Sie sind immer auch ein Fest, das mit der Familie, mit Verwandten, Freunden und Bekannten, mit Nachbarn und Kollegen gefeiert wird.

In der pädagogischen Arbeit darf das gemeinsame Feiern jedoch nicht auf Exotik reduziert werden oder einer Karnevalsveranstaltung gleichkommen. So darf sich das beliebte Thema „Kinder aus aller Welt" nicht auf das Verkleiden beschränken. Interkulturelles Lernen geht weiter, es beginnt viel früher und darf niemals aufhören. Das Feiern der Feste dieser Welt bedeutet vor allem, sowohl Ähnlichkeiten als auch Unterschiede der Feste herauszuarbeiten. So gibt es in vielen Kulturen dieser Welt Lichterfeste, die jedoch verschiedenen Ursprungs sind und jeweils eigenen Regeln folgen. Beispielsweise liegt dem Brauch des Austausches von Geschenken oftmals eine vollkommen unterschiedliche Bedeutung zugrunde. Erst wenn wir nach der Geschichte dieser Feste fragen, werden wir den Sinn der Bräuche und Traditionen verstehen lernen.

Die Kinder können viel zum gegenseitigen Verständnis beitragen – vorausgesetzt, wir lassen dies zu und akzeptieren, dass wir Pädagogen nicht alles wissen können. Wir müssen die Kinder ernst nehmen und ihren Erzählungen über die Feste aus aller Welt unvoreingenommen zuhören. Beim gemeinsamen Feiern sollten Sie sich der Mithilfe möglichst aller Familien versichern. So können alle voneinander lernen, sich angenommen fühlen und einander akzeptieren. Die Verschiedenheit wirkt nicht mehr trennend, sondern wird immer vertrauter. Auf diese Weise können wir alle eine gemeinsame Welt schaffen, in der jeder Mensch würdig leben und sich wohl fühlen kann. Wenn wir in diesem Sinne die Weihnachtszeit feiern, hat dies nichts mit Missionieren oder Herabsetzung anderer Religionen und Kulturen zu tun.

Im Gegenteil. Wir können die Weihnachtszeit für mehr gegenseitiges Verständnis und Toleranz nutzen, indem wir auf andere Menschen zugehen, sie einladen und ihnen unsere Bräuche nahe bringen. Bietet doch gerade das gemeinsame Feiern von Festen eine gute Möglichkeit, miteinander in Kontakt zu kommen, einiges über die kulturellen Unterschiede dieser Welt zu erfahren und einander respektvoll begegnen zu lernen.

Feste haben jedoch noch eine andere Bedeutung. Sie halten die Erinnerung der Menschen wach, sie sind das Bindeglied zwischen ihrer Vergangenheit und ihrer Gegenwart. Feste sind die Höhepunkte im Leben der Menschen. Eine besondere Bereicherung erfährt unser aller Leben, wenn wir für das Erleben der Rituale und Bräuche anderer Menschen offen sind. Offenheit und Freude auf das Andere macht das Erleben zum Fest. Kinder haben diese Offenheit, denn sie sind neugierig. Ihre Unbefangenheit kann uns Erwachsenen auf dem Weg in eine gemeinsame Welt helfen.

1.2 Die Bedeutung von Bräuchen und Ritualen für Kinder

Rituale gliedern den Tag, den Monat und das Jahr. Sie kehren regelmäßig wieder und schaffen Vertrauen. Sie geben den Kindern eine äußere Ordnung und helfen ihnen, sich zu orientieren. Das beginnt bereits mit der Vorbereitung von Festen und Bräuchen. Werden Kinder hierbei einbezogen, fühlen sie sich miteinander verbunden und in die Gemeinschaft integriert. Sie erkennen Vertrautes wieder und entdecken, dass auch andere Kinder voller Freude gespannt auf das kommende Ereignis warten. Außerdem erfahren sie bei den gemeinsamen Vorbereitungen, dass manche Kinder dieses Fest mit anderen Bräuchen und Ritualen feiern.

Neben der Vorfreude sind manche Feste auch mit Ängsten verbunden. Dies gilt besonders für die Weihnachtszeit. Obwohl Knecht Ruprecht seine Rute kaum mehr benutzt und stattdessen

Geschenke austeilt, blicken manche Kinder ängstlich auf das vergangene Jahr zurück. Da ist es gut, mit anderen Kindern zusammen zu sein und über eventuell folgende Strafen zu reden. Das Backen bietet eine gute Gelegenheit, um in entspannter Atmosphäre die „Missetaten" des letzten Jahres aufzuarbeiten.

Wichtig für die Kinder ist zudem der Brief an das Christkind. Der Wunschzettel soll ja erfüllt werden. Die Lieder, Spiele und Gedichte bieten dem Kind die Möglichkeit, die Zeit bis zum Fest gut zu gestalten. Vertrautheit schafft auch ein Adventskalender, der alljährlich an der gleichen Stelle hängt und mit anderen Dingen gefüllt wird. So ist es zwar jedes Jahr derselbe Kalender, aber doch immer wieder neu. Die Art und Pflege von Bräuchen und Ritualen ist oftmals den regionalen Gegebenheiten der Natur angepasst. Da Weihnachten in Deutschland immer im Winter gefeiert wird, reist der Weihnachtsmann, eingehüllt in einen dicken Mantel, auf einem Schlitten von Haus zu Haus. Nicht zuletzt aus diesem Grunde hoffen viele Kinder auf Eis und Schnee zur Weihnachtszeit. Um so größer ist ihre Freude, wenn die ersten Schneeflocken fallen. Mit Gesang, Spiel, Gestalten und lustvollem Tun lernen die Kinder das Leben kennen. Rituale und Bräuche helfen ihnen, die Welt zu erfassen, wiederkehrende Ereignisse zu erkennen und sich auf das zu freuen, was ihnen vertraut ist. Dazu gehört auch, dass Kinder alte Bräuche und Rituale ihren Lebensbedingungen und Bedürfnissen anpassen dürfen. Wo dies nicht möglich ist, werden diese später nur ungern weitergegeben und mit der Zeit verloren gehen. Gerade in jungen Familien ist zu beobachten, wie sehr

Kindheitserinnerungen das Weiterleben alter Weihnachtsbräuche und Rituale beeinflussen. Während beispielsweise in der Familie des einen Partners am Heiligen Abend immer Fondue gegessen wird, gibt es in der Familie des anderen Partners traditionell Kartoffelsalat mit Würstchen. Und auch der Zeitpunkt und das Ritual des Austauschens der Geschenke ist nicht in allen Familien gleich. Während die einen zunächst zum Familiengottesdienst gehen, müssen die anderen am Nachmittag ins Bett, bevor nach dem Aufsagen eines Gedichtes die Bescherung stattfindet. Wie immer sich die Eltern letztlich entscheiden, sie sollten sich immer auch an den Bedürfnissen und Erwartungen ihrer Kinder orientieren. So sind manche Traditionen und Rituale eher schädlich für die Kinder und entsprechen eher dem Anspruchsdenken der Eltern und Verwandten. Dies gilt besonders für das traditionelle Aufführen der Weihnachtsgeschichte. Auch wenn viele Eltern stolz auf die Mitwirkung ihrer Kinder sind, die ihre Rolle wirklich gut spielen, sollten sie bedenken, dass nicht alle Kinder gern im Rampenlicht stehen und sich in einem vorgegebenen Rollenspiel wohl fühlen.

1.3 Feiern nach dem Kalender

Kinder brauchen für ihre Entwicklung regelmäßig wiederkehrende Ereignisse. Deshalb sind wiederkehrende Feste gerade für sie so wichtig und werden als Höhepunkte im Kalender vorgemerkt. Doch wollen Sie alle Fest- und Feiertage, die den Kindern in Ihrer Einrichtung so wichtig sind, im Kalender festhalten, werden Sie sich mit verschiedenen Kalendersystemen auseinandersetzen müssen. In unserer Welt gibt es so viele verschiedene Möglichkeiten der Zeitrechnung, dass etwas Alltägliches wie das Datum plötzlich in Frage gestellt wird. Während bei uns das Sonnenjahr gilt, richten sich andere Kalender nach dem Mondjahr und andere wiederum nach dem Sonnen-Mondjahr. Stellen Sie die verschiedenen Kalendersysteme doch einmal nebeneinander und vergleichen Sie diese gemeinsam mit den Kindern. Sie werden diese Erkenntnisse mit nach Hause tragen und in ihren Familien darüber reden. Manche Eltern werden dann sicherlich bei Ihnen nachfragen, ob die Aussagen ihrer Kinder richtig sind.

Der julianische Sonnenkalender
Ursprünglich wollten die Römer zu Beginn eines jeden Monats ihre Zinsen im Schuldbuch, dem „calendarium", gutgeschrieben bekommen. Das lateinische „calendae" wiederum geht auf das bei den Römern übliche Ausrufen vom Monatsbeginn zurück.
Das römische Jahr richtete sich nach dem Sonnenzyklus und zählte insgesamt nur 304 Tage, die sich auf zehn Monate verteilten. Im 7. Jahrhundert vor Christi wurde dieser Kalender neu berechnet und umfasste fortan 355 Tage in zwölf Monaten.
Als Julius Cäsar bei seinen Aufenthalten in Ägypten erfuhr, dass die Wissenschaftler dort 365,25 Jahrestage errechnet hatten, führte er diesen Kalender auch für das römische Reich ein. Er ordnete an, dass alle vier Jahre ein Schaltjahr sein müsse, damit das Jahr 365 und jedes vierte Jahr 366 Tage hatte. Im Wesentlichen gilt dieser Kalender bis heute für die gesamte christliche Welt. Seither haben sieben Monate 31 Tage, vier Monate 30 Tage und der Februar 28 Tage – beziehungsweise alle vier Jahre 29 Tage. Viele Jahre wurde so gerechnet, bis sich herausstellte, dass der julianische Kalender um elf Minuten und 14 Sekunden zu lang war. In etwa 128 Jahren hat diese Berechnung eine Differenz von einem ganzen Tag zur Folge. Um diese Differenz zu bereinigen, ordnete Papst Gregor XIII. im Jahre 1582 die Einführung des gregorianischen Kalenders an. Dieser Anordnung wollten sich viele orthodoxe und orientalische Kirchen bis ins 20. Jahrhundert nicht unterordnen. So beträgt die Differenz zwischen dem julianischen und dem gregorianischen Kalender mittlerweile 13 Tage.

Der gregorianische Sonnenkalender

Seit dem Jahre 1582 gilt der gregorianische Kalender in der katholischen Welt, während er sich in der protestantischen Welt erst im 17. Jahrhundert durchsetzte. Der gregorianische Kalender weicht pro Jahr nur noch um etwa 25 Sekunden vom tatsächlichen Lauf der Sonne ab. Nach dieser Berechnung gibt es also erst alle 3333 Jahre eine Differenz von einem ganzen Tag.

Das Christentum richtet sich jedoch nicht allein nach dem Sonnenzyklus. Es feiert einige seiner Feste nach den Mondphasen. So wird das Osterfest immer nach dem ersten Frühlingsvollmond nach Frühlingsbeginn am 21. März gefeiert. Folglich verschieben sich auch die dem Osterfest vorausgehende Fastenzeit und alle dem Osterfest folgenden Feiertage.

Der jüdische Sonnen-Mondkalender

Der jüdische Lunisolarkalender berücksichtigt sowohl die Mondphasen als auch den Sonnenzyklus. Das neue Jahr beginnt nach dem jüdischen Kalender jeweils bei Neumond im September, da nach jüdischem Glauben die Welt im September des Jahres 3761 vor unserer Zeitrechnung erschaffen worden ist.

Der jüdische Kalender umfasst – ebenso wie der gregorianische Kalender – zwölf Monate, die allerdings entweder 29 oder 30 Tage zählen. Folglich beginnt das neue Jahr bereits nach 354 Tagen und ergibt sich nach jeweils drei Jahren eine Differenz von 33 Tagen zwischen dem Mond- und dem Sonnenkalender. Um diese 33 Tage auszugleichen, werden binnen 19 Jahren jeweils sieben Jahre mit 13 Monaten zwischengeschaltet. Der 13. Monat wird jeweils im Frühling nach dem Monat Adar I eingefügt und entsprechend Adar II genannt. Die Namen der anderen elf Monate sind Nissan, Ijar, Siwan, Tammus, Aw, Elul, Tischri, Cheschwan, Kisslew, Tewet und Schewat.

Der chinesische Sonnen- und Mondkalender
Die chinesische Zeitrechnung beginnt im Jahre 2637 vor unserer Zeitrechnung. Der traditionelle Lunisolarkalender Chinas zählt 365 Tage. Da jedoch die Gelehrten im alten China seit dem Jahre 1000 vor Christi wissen, dass das Jahr tatsächlich 365,25 Tage zählt, fügen sie regelmäßig einen 13. Monat in den Jahreslauf ein. Ähnlich wie der jüdische Kalender zählt der traditionelle chinesische Kalender zwölf Monate, die abwechselnd 29 beziehungsweise 30 Tage lang sind. Jeder Monat beginnt mit dem Neumond – folglich beginnt das neue Jahr ebenfalls mit dem Neumond.
Im chinesischen Kalender gibt es zwölf Tierkreiszeichen, die sich alle zwölf Jahre wiederholen. So steht jeweils ein ganzes Jahr im Zeichen eines Tieres. Es gibt das Jahr des Drachen, das Jahr der Schlange, des Pferdes, der Ziege, des Affen, des Huhns, des Schweins, der Ratte, des Rindes, des Tigers und das Jahr des Hasen. So ist beispielsweise das Jahr 2002 das Jahr des Pferdes, nachdem letztmals das Jahr 1990 und zuvor 1978 in diesem Tierkreiszeichen standen.

Der islamische Mondkalender
Die islamische Zeitrechnung beginnt im Jahre 622 nach der christlichen Zeitrechnung. Damals zog der Prophet Mohammed von Mekka nach Medina aus. Der islamische Kalender folgt dem Lauf der Mondphasen. Ein islamisches Jahr ist demnach auch 10,875 Tage kürzer als ein Sonnenjahr. Das Einschieben von Schaltjahren ist nach islamischem Glauben nicht erlaubt.
Anders als das Sonnenjahr beginnt das islamische Jahr nicht um null Uhr, sondern mit dem Sonnenuntergang des letzten Kalendertages. Aufgrund dieser Zeitrechnung verschieben sich die jährlich wiederkehrenden Feste und müssen jeweils neu berechnet werden.

So fällt beispielsweise der Geburtstag eines Menschen nur alle 32,5 Mondjahre auf ein und denselben Kalendertag. Doch damit nicht genug. Auch die geographische Lage des Landes, in dem der islamische Mondkalender angewandt wird, ist für die Berechnung der Feiertage wichtig und kann Differenzen von ein bis zwei Tagen aufweisen.
In vielen islamischen Ländern gilt neben dem Mondkalender auch der gregorianische Kalender.

1.4 Die Feste in anderen Weltreligionen

Islamische Feste
Der Islam gliedert sich in zwei große Glaubensgemeinschaften, die der Sunniten und der Schiiten. Die Mehrzahl der Muslime gehören der Gemeinschaft der Sunniten an, deren Rechtsschulen im 8. und 9. Jahrhundert gegründet wurden. Die beiden Glaubensgemeinschaften bildeten sich heraus, weil der islamische Prophet Mohammed keinen Nachfolger bestimmt hatte. So kam es nach seinem Tod im Jahre 632 unserer Zeitrechnung zum Streit. Die Mehrheit ent-

schied damals, dass derjenige zum religiösen Anführer gewählt werden solle, der am besten für dieses Amt geeignet sei. Sie wählten Abu Bakr, den Schwiegervater Mohammeds zum ersten Kalifen. Dies war die Gruppe, die uns heute als Sunniten bekannt ist. Eine Minderheit meinte hingegen, dass nur ein Blutsverwandter die Nachfolge Mohammeds antreten und zum Imam gewählt werden dürfe. Dies sollte Ali, der Neffe und Schwiegersohn Mohammeds, sein. Ihre Gemeinschaft, heute bekannt als Schiiten, lebt mehrheitlich im Iran und als Minderheit im Irak, in Syrien, im Jemen, in Indien sowie in Afrika.

Sowohl aus der sunnitischen wie aus der schiitischen Glaubensrichtung sind weitere kleinere Gemeinschaften hervorgegangen. Gemeinsam ist jedoch allen, das Feiern der beiden islamischen Hauptfeste, neben denen es unzählige regionale Fest- und Feiertage gibt. Da der islamische Kalender den Mondphasen folgt, müssen sämtliche Fest- und Feiertage genauestens berechnet werden. Eines der beiden wichtigsten islamischen Feste ist das Opferfest (türkisch: kurban bayrami), das an die Geschichte Ibrahims (deutsch: Abraham) erinnert. So wird berichtet, dass Gott eines Nachts den schlafenden Ibrahim aufgefordert habe, seinen erstgeborenen Sohn zu opfern. Als der seinem Sohn von Gottes Wunsch erzählte, meinte dieser, er solle Gottes Befehl gehorchen. Daraufhin begann Ibrahim mit den Vorbereitungen. Als er bereit war, seinen Sohn zu töten, befahl ihm Gott, dies nicht zu tun und stattdessen einen Widder zu schlachten. Zum Dank für seinen Gehorsam und seine Opferbereitschaft segnete Gott Ibrahim (siehe Koran Sure 37, Vers 99-110). Gefeiert wird dieses Fest in der Türkei vier Tage lang. Es beginnt mit einer gründlichen Waschung des Körpers und dem Anlegen neuer Kleider. 45 Minuten vor Sonnenaufgang gehen die Gläubigen zum Gottesdienst und Gebet in die Moschee. Danach feiern sie im engsten Familienkreise. Alle jüngeren Familienmitglieder erweisen den älteren Respekt und küssen ihnen die Hand. Außerdem erhalten die Kinder an diesem Tag Geschenke. Anschließend wird das zuvor ausgesuchte Opfertier geschlachtet und für ein Festmahl zubereitet. Je nach Wohlstand der Familie kann dies ein Hammel, ein Schaf, eine Ziege, ein Huhn oder ein anderes Tier sein. Wichtig bei der Zubereitung des Festessens ist, dass es auch für Bekannte und arme Nachbarn reicht, die selbst kein Opfertier schlachten können. An den kommenden drei Festtagen besuchen sich die Familien gegenseitig.

Das zweite wichtige Fest im Islam ist Moulid (arabisch) oder Mevlid (türkisch), das Geburtsfest für den Propheten Mohammed. Dieses Fest wird jedoch nicht von allen Gläubigen gefeiert. Zudem feiern die Sunniten und Schiiten dieses Fest an zwei verschiedenen Tagen. Während die Sunniten den Geburtstag des Propheten jedes Jahr am zwölften Tag des dritten Monats feiern, begehen die Schiiten dieses Fest erst am 17. Tag dieses Monats. Über den Geburtstag selbst werden unzählige Geschichten erzählt. So soll die Nacht der Geburt Mohammeds in vollem Lichte erstrahlt sein. In der Türkei heißt dieser Tag „Mevlid Kandili" („Lichterfest zum Geburtstag"). Es brennen in den Moscheen des Landes unzählige Lichter. Außerdem werden so genannte „Mevlids", Lieder und Gedichte zu Ehren Mohammeds, gesungen und vorgetragen. Nach dem Besuch der Moschee wird mit Essen und Trinken, mit vielen Süßigkeiten und Musik gefeiert. Die Jüngeren küssen den Älteren die Hand zum Zeichen der Verehrung und des Respekts. Die Jüngeren bekommen dann von den Älteren Geschenke. Bei diesem Familienfest kommen Verwandte von nah und fern.

Jüdische Feste
Der jüdische Feiertagskalender ist durch zwei zentrale Ereignisse geprägt. Die Kernaussagen aller jüdischen Feste sind sowohl an das Volk Israel als an die gesamte Menschheit gerichtet. Sie erinnern das jüdische Volk im Besonderen und die gesamte Menschheit im Allgemeinen sowohl an die Ereignisse, von denen die jüdische Geschichte berichtet, als auch an die Erfahrungen, die der Lauf der natürlichen Jahreszeiten mit sich bringt.

Alle jüdischen Feste sind eingebettet in den wöchentlichen Sabbat, für den die Thora jeweils einen eigenen Wochenabschnitt vorsieht. Der Sabbat beginnt jeweils mit der Abenddämmerung des Freitags

und endet am Samstagabend. Jeder Sabbat ist ein „Fest der Schöpfung", das der Familie und der individuellen Besinnung vorbehalten sein sollte. Alle Feste des Jahres stehen in engem Zusammenhang. Allen Festen gemeinsam ist die Vorbereitungszeit, welche sowohl den Einzelnen als auch die ganze Gemeinde einbezieht und somit zu einer individuellen Erfahrung für jeden Einzelnen wird.
Der jüdische Kalender sieht gleich im ersten Monat eine Reihe wichtiger Feste vor. Es beginnt mit dem Neujahrsfest Rosch Haschane und geht weiter mit dem großen Versöhnungsfest Jom Kippur. Weitere wichtige Feste im Jahreslauf sind unter anderem das Lichterfest Chanukka, das Erntefest Sukkot (Laubhüttenfest) und Pesach, das Fest der Gerstenernte, das mit ungesäuerten Broten gefeiert wird.

Buddhistische Feste
Die Gläubigen des Buddhismus feiern ihre Feste zumeist nach dem Lauf des Mondkalenders. Lediglich in Japan werden die buddhistischen Feste nach dem gregorianischen Sonnenjahr festgelegt. Die Ausgestaltung der Feste unterscheidet sich von Region zu Region. Sie fallen jedoch immer auf den Vollmond, den Neumond oder auf den ersten oder letzten Tag des Mondviertels (1., 8., 15. und 23. eines Monats). Dies sind die so genannten Uposatha-Tage, die Tage des Fastens. Vorgesehen ist zudem für jede Woche ein besonderer Feiertag, an dem sich die Gläubigen auf die Werte der buddhistischen Glaubenslehre besinnen und sich im weitesten Sinne dem Uposatha (Fasten) widmen. Lediglich für Mönche und Nonnen ist das Fasten eine Pflicht. An den Vollmondtagen bemühen sich viele Gläubige nicht nur um die Einhaltung der fünf Grundgebote, sondern um die der acht ethischen Sila-Gebote. Sie dürfen nicht töten, nicht stehlen, keinen illegitimen Geschlechtsverkehr haben, keine berauschenden Getränke trinken, nach der Mittagszeit keine Mahlzeiten verzehren, nicht tanzen und singen, keine Parfums und Schmuck tragen, nicht auf hohen Stühlen sitzen.
In Tibet werden neben den drei speziellen monatlichen Feiertagen zu Ehren Buddhas, weitere vier große Feste begangen, die dem Leben Buddhas gewidmet sind. Daneben gibt es so genannte „Dakini"-

Tage, mit den weiblichen Himmelsgestalten, deren Nacktheit den Meditierenden hilft und die „nackte" Wahrheit symbolisiert. Wichtig sind zudem die Tage der „Dharmapalas", der männlichen Gottheiten, die vor Gefahren und negativen Einflüssen schützen.

Das wichtigste Fest im buddhistischen Jahr ist das Wesak-Fest mit seiner dreifachen Bedeutung. Obwohl es der Geburt, dem Erwachen und dem Sterben Buddhas gewidmet ist, wird es nicht überall gleich gefeiert. Doch dort, wo es begangen wird, ist auch der Tod Buddhas, der sein Eingehen in das Nirvana bedeutet, ein freudiges Ereignis. Wie immer die Gläubigen dieses Fest auch feiern, überall wird an diesem Tag wunderbar gekocht und gegessen, beschenken sich die Familien und einige versorgen die Pilger mit Speisen und Trank oder spenden sogar Blut. In den mit Laternen, Lichtern und Fahnen geschmückten Straßen werden Geschichten über Buddha verlesen und manchmal auch Vögel aus ihren Käfigen in die Freiheit entlassen.

Hinduistische Feste
Von zentraler Bedeutung hinduistischer Feste ist die Verehrung der Weltenseele oder des Weltgeistes, also Brahman. Egal, welcher Kaste ein Gläubiger angehört oder in welcher Region er auch leben mag, eines ist allen gemeinsam. In jedem Haus gibt es eine Andachtsstätte, an der die Familie zum täglichen Gottesdienst zusammenkommt. Zur Mindestausstattung einer häuslichen Andachtsstätte gehören ein Götterbild, eine Öllampe (Diwa), eine Halterung für das Abbrennen von Räucherstäbchen und ein Platz für die Opfergaben. Dies können Blumen, frisch gekochte Speisen, eine Schale klaren Wassers oder kunstvoll gestaltete Muster aus verschiedenen Materialien sein. Der Gottesdienst selbst folgt den Regeln der Puja, der auch für den Tempelgottesdienst gilt. Bei der Hausandacht kann beispielsweise eine Tochter die Aufgabe des Priesters übernehmen und die Predigt leiten. Jedes Haus bemüht sich um die Ausführung möglichst vieler Pujas, die jeweils in der Meditation enden. Eine Puja kann das Niederlegen einer Blume oder das Anzünden eines Räucherstäbchens sein. In Gebeten wird für Erfahrenes gedankt, anderen Men-

schen gedacht und eine gute Zukunft erbeten. Die Gebete richten sich an Brahman, aber auch an alle anderen Gottheiten sowie an die Gurus, die religiösen Lehrer. Eines der wichtigsten Feste im Hinduismus ist das Lichterfest, das Diwali. Mit diesem Fest wird der Sieg des Guten über das Böse gefeiert. Daneben gibt es weitere wichtige Feste, wie beispielsweise das Frühlingsfest Vasanta Panchami, das der Göttin Saraswati gewidmet ist, der Göttin der Künste und der Bildung.

2 ADVENTS- UND WEIHNACHTSZEIT IN DEUTSCHLAND

2.1 So kam das Weihnachtsfest in die Stube

Neben Ostern und Pfingsten ist Weihnachten eines der Hauptfeste im Christentum. Seit dem 4. Jahrhundert geht diesem Fest eine mehrwöchige Vorbereitungszeit voraus, die Adventszeit. Abgeleitet ist das Wort Advent vom lateinischen „adventus", das sinngemäß „Ankunft" bedeutet, denn am Ende der Adventszeit wird der Messias, der Erlöser, ankommen. In seiner ursprünglichen Form ist diese Zeit eine Buß- und Fastenzeit, die seit dem Jahre 546 auf vier Wochen begrenzt ist. Gefeiert werden in dieser Zeit zudem die Feste Nikolaus, Barbara und Luzia sowie der Beginn eines neuen Kirchenjahres am ersten Advent.

Im Laufe der Jahrhunderte sind rund um die Weihnachtszeit viele verschiedene Bräuche und Rituale entstanden, die sich teilweise mit altgermanischen und keltischen mischten. Da viele dieser Bräuche nur mündlich überliefert sind, ist oftmals nicht genau bekannt, wie und warum diese entstanden sind.

Ähnlich verhält es sich mit dem genauen Datum der Geburt Christi, das nirgends in der Bibel zu finden ist. Der Legende nach sollen die damaligen Kirchenväter den 25. Dezember gewählt haben, weil an diesem Tag gemäß dem damals geltenden römischen Sonnenjahr die Wintersonnenwende gefeiert wurde. Nach dem Willen der Kirchenväter sollte die Geburt Christi fortan als das Fest des Lichtes am 25. Dezember und der Heilige Abend am 24. Dezember gefeiert werden. So erklärt sich auch das heutige Datum für „Weihnachten", das von „Mittwinterfest" abgeleitet ist. Im Mittelhochdeutschen hat „wihen nahten" die Bedeutung „in den heiligen Nächten". Gefeiert wird Weihnachten jedoch erst seit dem 14. Jahrhundert. Bis dahin bleibt die Geburt Christi zumeist ein Fest der

Kirche, das offiziell mit der Mariä Lichtmess am 2. Februar beendet wird.
In Deutschland ist das Weihnachtsfest zunächst ein öffentliches Fest. Gefeiert wird in Zunfthäusern oder auf dem Dorfplatz. Erst im 19. Jahrhundert ziehen sich die ersten Bürgersleute mit ihren Familien zurück und begehen das Weihnachtsfest in der heimischen Stube.

2.2 Bräuche und Rituale

Der Nikolaus
Viele Geschichten und Legenden werden über Sankt Nikolaus, den Heiligen Nikolaus, erzählt. Übereinstimmend ist jedoch überliefert, dass Nikolaus um das Jahr 280 in Patara bei Antalya, also in der heutigen Türkei, als Sohn frommer und wohlhabender Eltern geboren wurde. Schon als Kind soll er sich intensiv dem Bibelstudium gewidmet haben. Als seine Eltern verstarben, beschloss er, sein Erbe für wohltätige Zwecke und Menschen in Not zu verwenden. Als Nikolaus später auch noch zum Bischof von Myra ernannt wurde, erschien er vielen Menschen nun endgültig als wahrer Wohl- und Wundertäter. Unzählige Geschichten erzählen von seinen Taten und Wundern. Als er – der Legende zufolge – am 6. Dezember 345 verstirbt, wird dieser Tag zum Gedenktag. Bis zum 11. Jahrhundert soll es noch dauern, bis Kinder und Jungfrauen, Bauern und Fischer, Kaufleute, Wirte und all jene, die seiner Hilfe bedürfen, den Heiligen Nikolaus als Schutzpatron kennen und ehren werden, der jeweils am 6. Dezember die Lederbehälter mit seinen Gaben füllt.

Der Adventskranz
Ursprünglich sollte ein aus Tannengrün oder Stroh gebundener und mit roten oder goldenen Bändern verzierter Kranz böse Geister vertreiben. Damit diese Geister gar nicht erst ins Haus gelangen konnten, musste dieser Kranz an der Haustür aufgehängt werden. Dieser Brauch ist bis heute sehr verbreitet, wenngleich seine eigentliche Bedeutung kaum mehr bekannt ist.

Auch der Adventskranz ist ein aus Tannengrün oder Stroh gebundener Kranz. Gleichwohl hat dieser Brauch eine ganz andere Entstehungsgeschichte. Überliefert ist diese im Tagebuch des Theologen Heinrich Wichern, der im Hamburg des frühen 19. Jahrhunderts ein Waisenhaus für obdachlose Kinder und Jugendliche gründete. Neben einer Ausbildung gab er ihnen ein Zuhause, in dem alle regelmäßig zu stimmungsvollen Kerzenandachten und Singstunden zusammenkamen. Mit Beginn der Adventszeit des Jahres 1839 ließ Wichern erstmals einen hölzernen Leuchter mit 23 Kerzen aufhängen und die erste Kerze am ersten Advent entzünden. Es war eine große weiße Kerze. Bis zum Heiligen Abend sollte nun täglich eine weitere Kerze brennen. Eine kleine rote an den Werktagen und eine weiße große an den Sonntagen. Diesen Brauch wiederholte Wichern fortan jedes Jahr. Erst um das Jahr 1860 erfuhr dieser Brauch eine Veränderung. Der hölzerne Rahmen sollte künftig mit Tannengrün umwickelt werden.
Die Idee vom Adventskranz verbreitete sich nur sehr langsam. Bis zum Jahre 1937 sollte es dauern, ehe die katholische Kirche diesen Brauch übernahm und erstmals in München einen Kranz aufhängte. Allerdings mit einer neuerlichen Veränderung. Im Kranz sollten künftig nur noch die vier Sonntagskerzen brennen.

Der Adventskalender
Genau genommen ist die Entstehungsgeschichte des Adventskalenders die Geschichte einer schönen Kindheitserinnerung des Münchener Verlegers Gerhard Lang. Es ist die Geschichte eines kleinen Jungen, der Ende des 19. Jahrhunderts ungeduldig auf das Christkind wartet. Um ihm die Adventszeit zu verkürzen, erhält er von seiner Mutter täglich neue, liebevoll verpackte Süßigkeiten. So wächst der kleine Gerhard heran und beginnt als Verleger zu arbeiten. Seine süßen Erinnerungen an die Adventszeit seiner Kindheit vergisst er dabei jedoch nicht. Im Jahre 1908 lässt er in der Münchener Lithographische Kunstanstalt seinen ersten Adventskalender drucken. Dieser bestand aus zwei Blättern. Auf dem einen Blatt waren Verse und auf dem anderen die dazugehörigen Bilder abge-

druckt. Täglich wurde ein Vers vorgelesen und anschließend das passende Bild darüber geklebt. Als einige Jahre später kleine Fenster in das Deckblatt geschnitten wurden und der Bilderbogen dahinter geklebt, sollte der Adventskalender um 1920 fortan überall das Warten auf das Weihnachtsfest verkürzen und – seit er 1960 erstmals mit Schokolade gefüllte wurde – versüßen.

Der Tannenbaum
Eine Legende erzählt, dass der erste geschmückte Tannenbaum vor etwa 400 Jahren im Elsass aufgestellt worden ist. Seinerzeit wollten die Kinder einer alten Tradition folgend in der Kirche das „Paradiesspiel" aufführen. Das „Paradiesspiel" sollte den Zuschauern die Menschheitsgeschichte erzählen. Als Kulisse sollte ein „Baum des Lebens" aufgestellt werden. Die Kinder wussten sich zu helfen. Sie schmückten einen Tannenbaum mit Paradiesäpfeln und Kerzen. Das Kerzenlicht ließ den „Stall zu Bethlehem" hell und warm erstrahlen. Erst viele Jahre später, um das Jahr 1780, sollte auch in Berlin ein mit Kerzen geschmückter Tannenbaum aufgestellt und als Weihnachtsbaum bekannt werden.

Schmuck für den Weihnachtsbaum
Noch vor 200 Jahren feierten die Menschen das Weihnachtsfest auf dem Dorfplatz. Dort stellten sie einen Tannenbaum auf und schmückten diesen mit Gebäck aus der eigenen Backstube, mit Früchten, Nüssen und Kerzen. Nach dem Fest war es den Armen und Kindern des Dorfes erlaubt, diese Gaben des Baumes zu verspeisen.
Heute ist dieser Brauch kaum mehr zu finden. Seit das Weihnachtsfest seinen Weg in die Stube gefunden hat, ist das Schmücken des Tannenbaumes ein wichtiges Familienritual. In vielen Familien geschieht dies sogar hinter verschlossenen Türen. Rauschgoldengel und vergoldete Nüsse symbolisieren die Schätze der Heiligen Drei Könige. Ein großer Stern auf der Spitze des Baumes stellt den Weihnachtsstern dar.

Die Weihnachtskrippe

Bereits im 2. Jahrhundert nach der Geburt Christi begannen die Menschen mit der Verehrung seiner Geburtsstätte. Und im Jahre 335 ließ Helena, die Mutter Konstantins des Großen, eine Kirche über der vermuteten Geburtsstelle erbauen. Etwa in der selben Zeit erteilte Hieronymus den Auftrag, ein Gemälde mit einer Krippenszene in der Kirche anzubringen.

Im Jahre 1223 ließ der Heilige Franz von Assisi, der Freund der Tiere, in der Höhle von Greccio erstmals eine beleuchtete Krippenszene nachbauen. In die Krippe legte er eine lebensgroße Wachsfigur, das Jesus-Kind. Neben die Krippe stellte er lebende Ochsen und Esel. Das warf die Frage auf, wer seine Glückwünsche zur Geburt Christi überbringen darf. Erst Mitte des 16. Jahrhunderts entschied das Konzil in Triest diese Frage. Alle Lebewesen, ob auf zwei oder vier Beinen, dürfen zur Krippe kommen.

Viele Menschen bewunderten die Weihnachtskrippe von Greccio und so setzte sich die Idee durch, alljährlich eine solche Weihnachtskrippe aufzubauen. Noch heute können in Italien, in Süddeutschland und Österreich, im Riesengebirge und in Schlesien verschiedene Ausführungen der Krippen bewundert werden. Jede Region hat eine besondere Krippe hervorgebracht und überall sieht sie anders aus. Krippenfiguren werden heute aus Holz, Wachs, Porzellan und sogar aus Kunststoff hergestellt.

In Deutschland kann man beispielsweise in der Fußgängerzone von Duisburg eine lebensgroße Krippe bewundern. Und auch im Kölner Hauptbahnhof erinnern die vielen unterschiedlichen Krippenfiguren die Menschen an die Weihnachtsgeschichte, während sie von einem Bahnsteig zum nächsten hasten. Sie können sie bewundern und sich daran erfreuen und Hoffnung schöpfen.

Meist werden die Krippen an Nikolaus aufgestellt. Am Heiligen Abend wird das Jesuskind hineingelegt. Besonders schön ist diese Zeremonie, wenn sie von weihnachtlicher Musik und christlichen Liedern begleitet wird.

Der Weihnachtsstern

Neben dem Tannenbaum schmückt der Weihnachtsstern mit seiner rot, weiß oder rosa leuchtenden Blüte viele winterliche Häuser. Ursprünglich stammt der Weihnachtsstern aus Mexiko. Dort wächst er bis zu fünf Meter hoch. Die Legende erzählt, dass ein kleiner Junge dem Christkind ein Geschenk bringen wollte. Er hatte aber kein Geld. Und so kniete er vor der Kirchentür nieder und sprach ein Gebet. Als er sich wieder erhob, geschah das Wunder. Dort, wo er sich soeben noch zum Gebet niedergekniet hatte, war diese wunderschöne Pflanze mit roten Blättern und gelben Blüten gewachsen. Der Junge nahm dieses wundervolle Geschenk und brachte es dem Christkind.

Die Geschenke

Seit jeher sind Geschenke ein Ausdruck der Freude, des Dankes und der Verbundenheit. Ebenso können Geschenke eine große Hilfe sein und Nöte lindern. Sankt Martin und Sankt Nikolaus beschenkten die Armen, die Bedürftigen und die Kinder. Die Heiligen Drei Könige machten sich mit ihren Geschenken zur Geburtsstätte von Christus auf. Im römischen Reich wurden die Beamten zur Wintersonnenwende beschenkt, damit sie dem Herrscher auch weiterhin dienten. Und war die Ernte eingebracht und das Vieh geschlachtet, beschenkten die Herren ihre Knechte und Mägde, damit sie auch im neuen Jahr blieben. In Deutschland ist heute das Weihnachtsfest zu dem Fest geworden, an dem sich die Menschen großzügig beschenken – oftmals leider ohne den wahren Ursprung dieses Rituals zu kennen.

2.3 Geschenk- und Dekorationsideen

In den kommenden Wochen gibt es viel zu tun. Die Einrichtung will weihnachtlich geschmückt werden und viele kleine Geschenke sind anzufertigen. Sicherlich werden Ihnen die Eltern gerne helfen und einige der anfallenden Arbeiten übernehmen. Damit alle wissen, wer was macht, schreiben Sie die zu verteilenden Aufgaben auf bunte Papptäfelchen und hängen Sie diese im Eingangsbereich der Einrichtung aus. So können die Eltern ihre Aufgaben auswählen und sich auf dem entsprechenden Kärtchen eintragen.

Adventskranz gestalten
Gibt es unter den Eltern eine Floristin, könnte sie bei der Gestaltung des Adventskranzes helfen und viele hilfreiche Anregungen geben. Die benötigten Naturmaterialien wie Zapfen aller Art, Bucheckern und Hagebutten sammeln Sie zuvor bei Ihren Spaziergängen mit den Kindern. Beim nächstgelegenen Bauhof können Sie nach Tannen- und anderem Grünmaterial fragen. Vergewissern Sie sich im Voraus, dass genug Material für alle Kinder vorhanden ist. Außerdem werden ein Strohkranz, ein getrockneter Rosenstrauß, Blumendraht, vier dicke Kerzen sowie farblich passendes Schleifenband zum Verzieren gebraucht.

Haben Sie alle Materialien beisammen, breiten Sie diese auf einem großen Tisch aus und schneiden zunächst das Grün klein. Die Kinder dürfen daraus mit Blumendraht viele kleine Sträuße binden, die sie schuppenartig auf dem Strohkranz anbringen bis kein Stückchen Stroh mehr zu sehen ist. Auch die Bucheckern und Zapfen bekommen Draht um die Stiele gebunden. Dieser Zierrat wird in das Tannengrün gesteckt. Nun sieht der Adventskranz schon schön geschmückt aus. Die getrockneten Rosen passen auch gut dazu. Die dicken Kerzen werden mit starkem Draht festgesteckt. Dazu muss ein Teil in die Kerze gesteckt werden und das andere Ende in den Kranz. Jetzt fehlen nur noch die Schleifen. Sie kommen an den Fuß der Kerzen. Schön sieht er aus, der Adventskranz! Eventuell wollen einige Kinder jetzt noch einen weiteren Adventskranz für ihre Familie gestalten.

Zweige für den Barbaratag
Am 4. Dezember ist Barbaratag. Vielleicht kann eines der Kinder Apfel-, Weißdorn- oder Kirschzweige aus dem eigenen Garten mitbringen. Die Zweige werden zunächst in warmes Wasser gelegt und dann in die Vasen gestellt. Jeden zweiten Tag wird das Wasser gewechselt. Vielleicht beginnen die Zweige sogar kurz vor Weihnachten zu blühen.

Verzierte Kerzen
Fragen Sie im Bastelgeschäft oder im Baumarkt nach einfarbigen Kerzen und dünnen Zierwachsplatten, die Sie eventuell günstiger oder sogar geschenkt bekommen können. Außerdem brauchen Sie kleine Ausstechformen mit weihnachtlichen Motiven.
Bevor es mit dem Verzieren der Kerzen losgeht, verabreden Sie, wie viele Kerzen jedes Kind gestalten darf. Dann überlegt sich jedes

Kind die Schmuckmuster für seine Kerzen und malt dieses auf einen Bogen Papier. So kann sich jedes Kind vorstellen, wie seine Kerzen später aussehen sollen. Während die Kinder zeichnen, legen Sie die Zierwachsplatten bereit. Als Unterlage eignet sich am besten Backpapier. Nach diesen Vorbereitungen beginnen die Kinder mit dem Ausstechen ihrer Motive. Die ausgestochenen Zierwachsmotive werden zunächst in den Händen etwas angewärmt und dann mit leichtem Druck auf den Kerzen fixiert.

Kerzenlicht im Blumentopf
Besorgen Sie für jedes Kind mindestens einen Blumentopf aus Ton. Besonders schön ist es, wenn die Töpfe verschiedene Größen haben. Jedes Kind gestaltet seinen Blumentopf, so wie es ihm gefällt. Sorgen Sie für ausreichend Materialien zum Bekleben und genügend Farben zum Bemalen. Sind alle Blumentöpfe fertig dekoriert, werden sie überall im Raum verteilt und mit einem Teelicht versehen.

Nussschalen-Wiege
Sobald es kalt wird, werden uns die Eichhörnchen gerne etwas Arbeit abnehmen. Sie können für uns nämlich Nüsse knacken. Die Kinder legen täglich einige Nüsse nach draußen auf die Fensterbank und die Eichhörnchen werden sie genau an den Rändern auseinanderknabbern. Aus den Nussschalen und kleinen bunten Stoffresten werden kleine Wiegen gestaltet.

Adventskalender
Wenn Sie einen Adventskalender gestalten, achten Sie darauf, dass alle Kinder gleich viele Fenster öffnen dürfen. Schreiben Sie die Namen aller Kinder auf einen Zettel und bewahren Sie diese in

einem Säckchen auf. Jeden Morgen wird ausgelost, wer an diesem Tag ein Fensterchen öffnen darf. Damit alle Kinder wirklich gleich viele Fensterchen öffnen können, werden die ausgelosten Zettel natürlich nicht wieder in den Sack zurückgetan. So sehen die Kinder, die etwas länger warten müssen, dass es täglich weniger Zettelchen werden und auch sie bald an die Reihe kommen.

Wachsanhänger für den Weihnachtsbaum
Sammeln Sie leere Jogurtbecher und gebrauchte Kerzen in verschiedenen Farben. Jedes Kind bekommt einen leeren Jogurtbecher, den es mit Wasser füllt. Außerdem erhält jedes Kind eine brennende Kerze. Erklären Sie den Kindern, dass sie die brennende Kerze so über dem Jogurtbecher halten müssen, dass sie auf die Wasseroberfläche tropft. Die Wachstropfen werden sofort erstarren und auf dem Wasser eine feste Fläche bilden. Ist die Wachsfläche groß genug, wird sie vorsichtig aus dem Becher gehoben. Am Rand der Wachsform wird mit einer Nadel ein Faden durchgezogen und zusammengeknotet. Nun kann der Anhänger an den Baum oder Zweig gehängt werden. Statt Jogurtbecher eignen sich auch Ausstechformen, die in eine Wasserschale gelegt werden. Die Kinder lassen ihre Kerzen in die Formen tropfen bis die Fläche ausgefüllt ist. Jetzt müssen die Wachsfiguren nur noch mit einem Messer von den Ausstechformen gelöst und mit einem Aufhänger versehen werden.

Weihnachtsteller selbst gemacht
Jedes Kind erhält einen Suppenteller, der zuvor auf der Rückseite befeuchtet und mit einem weißen Bogen Seidenpapier versehen wurde. Die Form des Tellers sollte noch gut zu erkennen sein. Während die Teller vorbereitet werden, können einige Kinder alte Zeitungen in viele kleine Stücke zerreißen, die sie dann in mehreren Schichten auf die Rückseite des vorbereiteten Tellers kleben. Mit jeder aufgeklebten Schicht erhalten die Kinder einen immer fester werdenden Pappteller. Ist der Pappteller fest genug, muss er etwa zwei Tage trocknen. Danach können ihn die Kinder nach eigenen Vorstellungen farbig bemalen. So erfahren die Kinder, wie

sie aus einfachen Materialien schöne Weihnachtsgeschenke selbst herstellen können. Eventuell können Sie mit ihnen sogar noch Weihnachtsplätzchen backen. So kann jedes Kind seinen Teller mit den selbst gebackenen Plätzchen belegen. Jetzt muss der Weihnachtsteller nur noch in einem Bogen Seidenpapier verpackt werden und fertig ist die Überraschung!

Kleines Nikolausgeschenk

Am 6. Dezember wollen die Kinder nicht nur vom Nikolaus beschenkt werden. Sie möchten auch ihre Nachbarn besuchen, Nikolauslieder singen und allen eine kleine Überraschung bringen. Ein schönes Geschenk für die alten Leute in der Nachbarschaft, die so oft am Fenster sitzen, ist ein mit Vogelfutter gefüllter Becher. Wenn sie diesen vor ihr Fenster hängen, können sie die Vögel beim Fressen beobachten.

Die Herstellung solch eines Futterbechers ist nicht schwer. Benötigt werden leere Jogurtbecher, etwas Rindertalg und ausreichend Sonnenblumenkerne. Erhitzen Sie einen Nagel über einer Kerzenflamme und brennen Sie damit ein Loch in den Becherboden. Eine Kordel wird um ein abgebranntes Streichholz geknotet und anschließend von innen nach außen durch das Loch im Becherboden gefädelt. Jetzt muss der Joghurtbecher noch mit dem Vogelfutter gefüllt werden. Zuvor wird der Rindertalg erhitzt und die Kinder geben die Sonnenblumenkerne dazu. Nun muss die Futtermischung etwas abkühlen. Füllen Sie die Vogelfuttermischung in die vorbereiteten Becher und stellen Sie diese in den Kühlschrank bis der Talg vollständig erhärtet ist.

Papier-Apfel

Jedes Kind schneidet aus rotem Tonpapier vier Kreise aus, die es zuvor aufgemalt hat. Es legt die Kreise übereinander und näht sie sodann mit einem langen Faden zusammen. Der zusammengenähte Apfel wird mit dem Faden an einem grünen Zweig befestigt und über der Heizung aufgehängt, damit er sich dreht.

Weihnachtsberg aus dem Erzgebirge
Lassen Sie mit den Kindern eine alte Tradition aus dem Erzgebirge aufleben, die Tradition vom Weihnachtsberg, den die Menschen dort vor über hundert Jahren erschaffen haben. Ausgestellt ist solch ein Weihnachtsberg im Museum für Europäische Kulturen in Berlin. Außerdem ist diese Tradition in einem 20-minütigen Film dokumentiert, der bei Matthias-Film in Stuttgart erhältlich ist. Der Film erzählt die Geschichte von Max Vogel, der im Laufe von 50 Jahren eine 12 Meter lange und 2,50 Meter breite Berglandschaft erschaffen hat, um in dieser das Leben Jesu mit beweglichen Figuren nachzubilden. Unterlegt ist dieser Film mit einer spannenden Musik. Natürlich wird Ihr Weihnachtsberg nicht diese Ausmaße annehmen. Ihr Weihnachtsberg sollte auf einer Grundfläche von zwei mal drei Metern entstehen. Fragen Sie die Eltern, ob jemand ein Gestell in dieser Größe anfertigen kann. Befestigen Sie auf diesem Gestell Kaninchendraht und lassen Sie dann gemeinsam mit den Kindern eine Landschaft mit Bergen und Tälern entstehen. Die Landschaft wird mit Jute bespannt. Für die Nachbildung der Bäume und Wege werden Moos, Zapfen und Baumrinden verwendet, die Sie zuvor mit den Kindern in der Natur gesammelt haben.
Als nächstes fertigen Sie mit den Kindern kleine Häuser, für die Sie alte Kartons verwenden können. Für Maria und Josef wird ein Stall mit einer Krippe aus Zweigen, Rinde und Stroh gebaut. Nun fehlen

noch Schafe, Ochsen und Esel, die Sie mit den Kindern ebenso wie die Figuren aus ungebranntem Ton gestalten können. Jetzt fehlt nur noch der über allem schwebende Weihnachtsstern, bevor das Jesuskind in die Krippe gelegt werden kann und die Nachbildung des Weihnachtsberges beendet ist. Um diesen Abschluss möglichst feierlich zu gestalten, erzählen Sie den Kindern bei Kerzenlicht und Gebäck die Weihnachtsgeschichte.

Luftpost für den Weihnachtsmann
Es gibt wohl kaum ein Kind, das in der Weihnachtszeit nicht mindestens einen Wunschzettel schreiben möchte. Und damit möglichst alle Wünsche erfüllt werden können, sollte dieser auch an die richtige Adresse geschickt werden. Sicherlich wissen die Kinder, dass der Weihnachtsmann in Finnland wohnt und sie ihren Brief dorthin schicken müssen. Um sich auf das Schreiben des Wunschzettels einzustimmen, schauen Sie mit den Kindern das Bilderbuchkino „Luftpost für den Weihnachtsmann" an.
In einem Bilderbuchkino bestehen die einzelnen Seiten eines Buches aus Dias, die Sie mit einem Dia-Projektor auf eine Leinwand

oder eine weiße Wand projizieren. So können Sie gemeinsam mit den Kindern und vielleicht sogar mit den Eltern die Bilderbuchgeschichte verfolgen.
Die Geschichte „Luftpost für den Weihnachtsmann" erzählt von Armin, der sehr arm ist und in einem kleinen Bergdorf lebt. Armin kennt den Weihnachtsmann nur von einem Kalenderbild. Als er einen Luftballon geschenkt bekommt, beschließt er, einen Wunschzettel zu versenden. Doch der Luftballon fliegt nicht in den hohen Norden, sondern wird vom Wind in den Süden getragen. Dennoch muss Armin nicht traurig sein, denn er wird eine riesengroße Überraschung erleben.
Im Anschluss an diese Geschichte überlegen Sie gemeinsam mit den Kindern, welche Wünsche sie haben, die sich nicht mit Geld erfüllen lassen. Erzählen Sie ihnen von Kindern, die in Frieden leben wollen und ohne Angst mit den Nachbarskindern spielen möchten, die genug zu essen haben möchten und nie mehr Hunger leiden wollen, die ganz allein sind und endlich Freunde finden wollen. Schreiben Sie all diese Wünsche für die Kinder dieser Welt auf kleine Kärtchen und versehen Sie die Rückseite mit der Adresse des jeweiligen Kindes. Ist das Wunschkärtchen fertig, kann es mit einem Luftballon auf die Reise geschickt werden. Damit die Ballons gut fliegen, befüllen Sie diese mit Gas. Bedenken Sie bitte, dass Sie zuvor beim Ordnungsamt Ihrer Gemeinde oder Ihrer Stadt eine Erlaubnis für diese Aktion einholen müssen.
In den kommenden Tagen und Wochen heißt es für Sie und die Kinder „geduldig abwarten" bis die ersten Antworten eintreffen. Natürlich müssen Sie diese Antworten sorgfältig und für alle Kinder gut sichtbar aufbewahren.

Das Weihnachtswunschtraumbett
Jedes Kind hat Wünsche, die von den Eltern nur schwer oder leider gar nicht erfüllt werden können. So manches Kind träumt von einem eigenen Pferd oder gar von einem Elefanten. Und welches Kind würde nicht gerne mal mit seinen Eltern auf einem prächtigem Schiff nach Amerika segeln? Damit die Kinder diese Träume

bewahren und weitergeben können, brauchen sie ein Weihnachtswunschtraumbett.

Fragen Sie in einem Schuhgeschäft nach leeren Schuhkartons. Bitten Sie außerdem die Eltern um Stoff- und Wollreste, um Holzwolle, alte Zeitungen, Federn, Knöpfe und ähnliche Sachen. Haben Sie genügend Material gesammelt, erhält jedes Kind einen Schuhkarton, aus dem es nach seinen Vorstellungen ein eigenes Wunschtraumbett gestalten kann. Helfen Sie den Kindern nur, wenn Sie darum gebeten werden. Haben alle Kinder ihr Wunschtraumbett fertig gestaltet, wird eine kleine Ausstellung organisiert, um diese zauberhaften Kreationen den anderen Kindern der Gruppe zu zeigen. Jedes Kind, das dies möchte, kann bei dieser Gelegenheit eine Geschichte zu seinem Wunschtraumbett erzählen, während Sie diese wie ein echter Märchenschreiber mitschreiben. So kann jedes Kind seinen Weihnachtswunschtraum seinen Eltern zu Weihnachten schenken.

2.4 Geschichten, Lieder und Spiele

Die Weihnachtsgeschichte

Erzählen Sie den Kindern folgende Weihnachtsgeschichte, der auch Kinder aus anderen Glaubensrichtungen gerne zuhören:

Es begab sich zu der Zeit, dass ein Befehl von Kaiser Augustus ausging, dass alle Einwohner unter römischer Herrschaft gezählt würden. Diese Zählung war die erste und wurde durchgeführt zu einer Zeit, da Cyrenius Landpfleger in Syrien war. Für diese Zählung musste sich jeder in seine Heimatstadt begeben.
Und es brach auch auf, Joseph aus Galiläa, aus der Stadt Nazareth, in das jüdische Land zur Stadt Davids, die da heißt Bethlehem, weil er vom Hause und Geschlecht Davids war, auf dass er sich zählen ließe mit Maria, seinem angetrauten Weibe. Die war schwanger.
Und als sie in Bethlehem waren, kam die Zeit, da sie gebären sollte. Und sie gebar einen Sohn und wickelte ihn in Windeln und legte

ihn in eine Krippe, denn sie hatten sonst keinen Raum in der Herberge und mussten im Stall schlafen.
Und es waren Hirten in derselben Gegend auf dem Felde. Die hüteten des nachts ihre Herde. Und siehe des Herrn Engel trat zu ihnen und die Klarheit des Herrn leuchtete um sie. Und sie fürchteten sich sehr. Und der Engel sprach zu ihnen: „Fürchtet euch nicht! Siehe, ich verkünde euch große Freude, die allem Volk widerfahren wird; denn euch ist heute der Heiland geboren, welcher ist Christus, der Herr, in der Stadt Davids. Und das habt zum Zeichen: Ihr werdet finden das Kind in Windeln gewickelt und in einer Krippe liegen." Und alsbald war da bei dem Engel die Menge der himmlischen Heerscharen, die gelobten und sprachen: „Ehre sei Gott in der Höhe und Frieden auf Erden und den Menschen ein Wohlgefallen!" Und da die Engel von ihnen gen Himmel fuhren, sprachen die Hirten untereinander: „Lasst uns nun gehen gen Bethlehem und die Geschichte sehen, die da geschehen ist, die uns der Herr kundgetan hat."
Und sie kamen eilend und fanden beide, Maria und Joseph, dazu das Kind in der Krippe liegen. Da sie es aber gesehen hatten, breiteten sie das Wort aus, welches zu ihnen diesem Kinde gesagt war. Und alle, vor die es kam, wunderten sich der Rede, die ihnen die Hirten gesagt hatten. Maria aber behielt diese Worte und bewegte sie in ihrem Herzen. Und die Hirten kehrten wieder um, priesen und lobten Gott um alles, was sie gehört und gesehen hatten, wie denn zu ihnen gesagt war (Lukas 2, 1-20).

Krippenspiele

Früher fanden szenische Darstellungen der Bibel nur in der Kirche und in den Klöstern statt. Das hat sich in den letzten Jahrzehnten geändert. Heute werden Krippen- und Weihnachtsspiele auch in Schulen, Kindergärten, Krankenhäusern, Begegnungsstätten und sonstigen Einrichtungen aufgeführt. In Bayern und Österreich gehören Krippenspiele zum Brauchtum und werden schön ausgeschmückt.

Kurbeltheater

Eine schöne Möglichkeit zur bildlichen Darstellung der Herbergssuche, des Entdeckens des Stalles, der Tiere im Stall sowie von Maria und Josef mit dem Jesuskind und den Heiligen Drei Königen, ist ein selbst gestaltetes Kurbeltheater.

Machen Sie sich gemeinsam mit den Kindern zunächst mit der Weihnachtsgeschichte vertraut. Wichtig ist dabei, dass die Kinder die einzelnen Situationen richtig einordnen können. Breiten Sie anschließend eine lange Papierrolle aus und besprechen Sie, welche Kinder welche Situation in welchem Bereich aufmalen. Sorgen Sie für ausreichend Wachsmalstifte, Papierschnipsel und Klebstoff. Ist die Weihnachtsgeschichte fertig gestaltet, sollte die Papierrolle noch einige Zeit ruhen bis der Kleber getrocknet ist. Anschließend werden am Beginn und am Ende des Papiers Papprollen mit Papierklebeband befestigt. Nun kann die Rolle bis zum Beginn der Geschichte aufgewickelt und auf ein vorbereitetes Gestell gesteckt werden.

Dieses Gestell besteht aus einem dicken Brett, das etwa 80 Zentimeter lang ist und das in gebührendem Abstand mit zwei Löchern versehen wurde. Diese Löcher haben den Durchmesser eines Besenstiels. In diese Löcher wird jeweils eine Hälfte eines zuvor in der Mitte durchgesägten Besenstiels hineingesteckt. Während das Kurbeltheater mit der gemalten Weihnachtsgeschichte gedreht wird, erzählt jedes Kind die von ihm gemalte Szene. Es wird Sie beeindrucken, wie ernsthaft die Kinder die Geschichte des Jesuskindes wiedergeben.

Kommet, ihr Hirten
Gerne singen die Kinder immer wieder die Geschichte von den Hirten.

> *Kommet, ihr Hirten, ihr Männer und Frau'n!*
> *Kommet das liebliche Kindlein zu schau'n!*
> *Christus, der Herr, ist heute geboren,*
> *den Gott zum Heiland*
> *euch hat erkoren.*
> *Fürchtet euch nicht!*
> *Lasset uns sehen in Bethlehems Stall,*
> *was uns verheißen, der himmlische Schall.*
> *Was wir dort finden, lasset uns künden,*
> *lasset uns preisen in frommen Weisen:*
> *Halleluja!*
> *Wahrlich, die Engel verkündigen heut*
> *Bethlehems Hirtenvolk gar große Freud.*
> *Nun soll es werden Friede auf Erden,*
> *den Menschen allen ein Wohlgefallen.*
> *Ehre sei Gott!*

Die Heiligen Drei Könige
In den überwiegend katholisch geprägten Regionen Deutschlands ist der 6. Januar ein Feiertag. Es ist der Dreikönigstag. Es ist der Tag, an dem die Heiligen Drei Könige Kaspar, Melchior und Balthasar

dem Morgenstern folgend den Stall von Bethlehem erreichen und das Jesuskind in seiner Krippe finden.

Heute ziehen an diesem Tag viele Jungen und Mädchen, oftmals Messdiener, als Sternsinger von Tür zu Tür und werden manchmal sogar von Politikern empfangen. Die Kinder tragen an einem langen Stab den Morgenstern bei sich und singen als Heilige Könige verkleidet ein Lied, bevor sie um eine kleine Geldspende für die in Armut lebenden Kinder dieser Welt bitten. Zum Dank schreiben die Kinder dem Spender mit Kreide den Haussegen an die Tür. Im Jahr 2002 wurde dieser 20 + C + M + B + 02 geschrieben. Die Buchstaben „C + M + B" stehen für die Namen der Heiligen Drei Könige. Sie bedeuten „Christus Mansionem Benedicat", was sinngemäß „Christus segne dieses Haus" heißt.

Bauernregeln für den 6. Januar

In früheren Zeiten, als es noch keine verlässlichen Wettervorhersagen gab, wurde für die Vorhersage des Wetters Bauernregeln aufgestellt. So gibt es auch eine Bauernregel für den Tag der Heiligen Drei Könige, die besagt:

Nebel am sechsten Januar
deutet auf Regen im frühen Jahr.
Ist's zu Drei König schön und grün,
werden Korn und Hafter blüh'n.
Dreikönigsnacht hell und klar,
bringt ein gutes Weinjahr.
Wie's Wetter sich bei Dreikönigs hält,
so ist das nächste Jahr bestellt.

„Christus Mansionem Benedicat" – „Christus segne dieses Haus"

Die Herkunft des Liedes, das die Sternsinger vortragen, ist nicht genau bekannt. Überliefert ist dieses Volkslied oftmals mit diesem Text:

> *Hier kommen drei Könige mit ihrem Stern,*
> *sie wollen Gott loben und dienen dem Herrn.*
> *Hier sind die drei Weisen mit ihrem Stern,*
> *sie loben Gott und dienen dem Herrn.*
> *Wir kamen vor Herodes Tür.*
> *Herodes sprach: „Was wollt ihr hier?"*
> *„Nach Bethlehem steht uns der Sinn,*
> *ein Kind liegt in der Krippe drin.*
> *Wir fanden das Kindlein wohl nackt und bloß*
> *und legten es Maria in ihren Schoß.*
> *Wir gaben dem Kindlein auch unsre Geschenk,*
> *dass uns der liebe Gott auch wieder gedenk.*
> *Ihr habt uns auch eine Verehrung gegeben;*
> *Gott lass euch dieses Jahr in Freuden erleben.*
> *In Freuden, in Freuden auch immerdar,*
> *das wünschen wir euch fürs ganze Jahr.*
> *Das wünschen wir Vater und Mutter und Kind*
> *und allen, die im Hause sind.*
> *Wer auf den lieben Gott vertraut,*
> *der hat auf festen Grund gebaut.*

Es gibt noch viele andere Sprüche, welche die Kinder vortragen. Einer heißt:

> *Wir danken euch für eure Gaben,*
> *die wir von euch empfangen haben.*
> *Der liebe Gott behüte*
> *das Kindlein in der Wiege.*
> *Nun legt euch ruhig schlafen,*
> *wir ziehen unsere Straßen.*

In Süddeutschland singt der schwarze König Melchior:

Ich bin der kleine Pumpernack
und habe einen großen Sack.
Und weil ich nichts darinnen hab,
bitt ich um eine kleine Gab.

In Österreich sing er:

Ich bin der kleinste König.
Ein Schilling ist mir zu wenig.
Lasst mich nicht solange stehen,
muss noch in andere Häuser gehen.

Heute können alle Kinder in Europa Folgendes singen:

Wir sammeln Euros ein
für alle Kinderlein.
Mit uns führen wird den Stern,
haben alle Menschen gern.
Wir bringen Glück und Segen
auf allen euren Wegen.

2.5 Rezepte

Gebäck aus Mürbeteig

Zutaten:
125 Gramm Butter
2 Eier
150 Gramm Zucker
350 Gramm Mehl
100 Gramm Mondamin
1/2 Beutel Backpulver
1 Beutel Buttervanillegeschmack

Butter, Eier und Zucker schaumig rühren. Das Mehl und die anderen Zutaten hinzugeben und alles zu einem Teig verkneten. Klebt der Teig nicht mehr an den Händen, muss er einige Minuten im Kühlschrank ruhen, bevor er dünn ausgerollt wird. Dann stechen die Kinder den Teig mit Backformen aus. Am besten erhält jedes Kind ein kleines Stück Teig, aus dem es seine eigenen Figuren stechen kann. So bleiben nicht so viele Teigreste übrig und alle Kinder machen gerne mit.

Die ausgestochenen Plätzchen auf ein mit Backpapier ausgelegtes Backblech legen und etwa zehn Minuten bei 200 Grad backen. Damit nach dem Ausstechen genügend Plätzchen zum Backen bleiben, sollte mit den Kindern zuvor vereinbart werden, dass erst nach dem Backen genascht werden darf.

Mini-Knusperhäuschen

Für die Knusperhäuschen werden Kekse, Dominosteine, Spekulatius, Schokoplättchen und Puderzucker benötigt. Damit jedes Kind sein eigenes kleines Knusperhäuschen gestalten kann, sollten ausreichend Zutaten vorhanden sein. Bevor die Kinder mit dem Bau ihres Häuschens beginnen, muss zunächst noch essbarer Klebstoff aus Puderzucker und Wasser angerührt werden.

Zuckerkartoffeln

Je nach Anzahl der mitessenden Kinder müssen ausreichend Kartoffeln bereit gestellt werden. Für 15 kleine Kartoffeln werden zudem 100 Gramm Butter und eine Tasse Zucker benötigt. Nachdem die Kinder die Kartoffeln gründlich gewaschen haben, legen sie diese in einen Topf. Wasser hinzugeben und die Kartoffeln 20 Minuten garen lassen, dann das Wasser abgießen. Während die Kinder ihre abgekühlten Kartoffeln pellen, unter ständigem Rühren in einer gusseisernen Pfanne den Zucker erhitzen und nach und nach die Butter unterrühren. Danach die Kartoffeln in eine Pfanne geben. Sind die Kartoffeln rundherum eingezuckert, können sie verzehrt werden. Lecker!

WINTER- UND WEIHNACHTSZEIT IN ANDEREN KULTUREN

3.1 Nordeuropa

Finnland

Fast jedes Kind weiß, dass Finnland das Heimatland des Weihnachtsmannes ist. Genauer gesagt, ist es Lappland, das Land der Rentiere. Selbstverständlich hat der Weihnachtsmann auch einen finnischen Namen, er heißt Joulupukki. Wenn er nicht gerade in Grönland oder am Nordpol verweilt oder mit seinem Schlitten voller Geschenke von Haus zu Haus fährt, wohnt er hier am Fuße des Berges Korvatunumie in der Nähe von Rovaniemi. Seine genaue Adresse lautet: Joulupukki, Maakunta Katu 10, Fin 96100 Rovaniemi. Dorthin kann jedes Kind seinen Wunschzettel schicken und erhält sogar eine Antwort, wenn sein Brief bis zum 3. Dezember dort ankommt. Joulupukki hat also eine Menge zu tun. Doch zum Glück helfen ihm seine Frau Mouri und viele fleißige Weihnachtswichtel. Und weil Joulupukki gerne Weihnachtsmann ist, trägt er sommers wie winters seinen Weihnachtsanzug. Die Farben seiner Kleidung haben nämlich eine wichtige Bedeutung: rot für die Wärme und weiß für die Reinheit des Schnees. Mit den blauen Streifen ehrt Joulupukki die Samis; das sind die Ureinwohner Lapplands (umgangssprachlich „Lappen" genannt). Und mit dem Grau seiner Hose dankt er den Rentieren, die ihn selbst bei eisigster Kälte und heftigsten Schneestürmen von Haus zu Haus bringen.

Natürlich feiern die Menschen, dort wo der Weihnachtsmann zu Hause ist, besonders gerne Weihnachten. Hier beginnt die Vorweihnachtszeit seit den 20er Jahren bereits im Oktober mit vielen kleinen Weihnachtsfeiern, die „Pikkujoulu" genannt werden. Außerdem werden Karten verschickt, mit denen sich die Menschen „Hyvää

Joulua", "Gute Weihnachten", wünschen. Ein besonderer Höhepunkt der Vorweihnachtszeit ist der Lucientag, der am 13. Dezember in ganz Skandinavien gefeiert wird. Begleitet von zehn jungen Frauen besucht Lucia Schulen, Krankenhäuser, Altenheime und andere soziale Einrichtungen. Und wenn es am 24. Dezember dann endlich so weit ist, beginnt der Heilige Abend zunächst mit einem Besuch bei den Verstorbenen. Nach dem Friedhofsbesuch verbringt die ganze Familie einige Stunden in der Sauna, bevor sie sich den Weihnachtsschinken schmecken lässt. Mit Honig und Senf bestrichen ist er lange in der Backröhre gegart und wird nun mit Steckrübenmus im Lichte des festlich geschmückten Christbaumes serviert. Die Heilige Nacht wird lange gefeiert. Geschenke werden verteilt. Ein besonderes Lebkuchengebäck gehört ebenfalls dazu.

Grönland

Einige Zeit des Jahres verbringt der Weihnachtsmann in diesem Land, das fast nur aus Eis, Schnee und Wasser besteht. Mitten im Eis wohnt er hier in Julianehaab, in einer unterirdischen Höhle. Doch wer glaubt, der Weihnachtsmann ruht sich hier nur aus, irrt gewaltig. Jedes Kind darf ihm seinen Wunschzettel nämlich auch hierher schicken. Wenn auf dem Brief „Julianehaab, Grönland" geschrieben ist, weiß die Post schon Bescheid. Doch manchmal hätte der Weihnachtsmann selbst gerne Geschenke. Am meisten freut er sich über alte Babyschnuller, die ihm die Kinder schicken, wenn sie selbst keine mehr brauchen. Der Weihnachtsmann bewahrt sie in einer großen Glocke auf. Diese Glocke hat im Postamt von Julianehaab ihren festen Platz, damit jeder all die Schnuller der vielen groß gewordenen Kinder sehen kann.

Schweden

Mit Jul, dem skandinavischen Weihnachtsfest, sollen viele Bräuche der vorchristlichen Wintersonnenwendfeiern weiterleben. So erklärt sich auch, warum ehemals Thors Ziegenbock, Julbock genannt, den Kindern die Geschenke brachte. Heute hat Jultompte die Aufgabe übernommen.

Doch vorher wird am 13. Dezember noch das Fest der Lichterkönigin Lucia gefeiert. An diesem Tag übernimmt in jeder Familie die älteste Tochter die Rolle der „Lussibrud", der Lucienbraut. Ganz in Weiß gekleidet, mit einem Kranz brennender Kerzen auf dem Kopf weckt sie ihre Familie und bringt ihr das Frühstück, bei dem das skandinavische Safranbrot nicht fehlen darf.
Außerdem wird in der Vorweihnachtszeit mit Unterstützung der Tomare, der kleinen schwedischen Kobolde, gebastelt, geputzt und gebacken. Zum Dank bekommen sie am Heiligen Abend einen süßen Milchbrei vor die Tür gestellt. Wird dieses Dankeschön vergessen, droht der ganzen Familie Unglück. Bevor sich die Familie um den Weihnachtsbaum versammelt, geht sie zunächst in die Sauna und genießt anschließend ein gutes Essen mit bis zu 38 Gängen. Nach Julschinken und Julkorv, einer besonderen Bratwurst tanzen alle um den Baum, singen Weihnachtslieder und öffnen ihre Geschenke. Weil die Fenster bei der Feier geöffnet sind, kommt ab und zu ein Julklapp hereingeflogen, ein Geschenk von Nachbarn oder Freunden. Am nächsten Morgen gehen die Familien in die Christmette, während ein „Julbock" aus Stroh das Haus beschützt und böse Geister fern hält.

Norwegen

Ähnlich wie in Finnland feiern auch die Menschen in Norwegen ihr Jul, das Weihnachtsfest, nicht nur einmal. In der Vorweihnachtszeit treffen sich Familien und Freunde immer wieder gerne im Restaurant zum „Julbord", einem wunderbaren Weihnachtsbuffet. Trotz dieser vielen kleinen Weihnachtsfeste müssen die Vorbereitungen für das große Weihnachtsfest rechtzeitig erledigt sein. Es muss genug Holz für das Kaminfeuer gehackt und ein Weihnachtsbaum aus dem Wald geholt werden, damit er am Abend vor dem Fest geschmückt werden kann.

In Norwegen ist der Weihnachtsmann ein wenig kleiner und lustiger als seine Kollegen in den anderen Ländern. Er ist nämlich mit den Nissen, den norwegischen Kobolden, verwandt. Das erklärt auch seinen Namen: Julenissen. Und vielleicht müssen die Kinder ihm deshalb auch besondere Wünsche erfüllen, damit er sie beim Austeilen der Geschenke nicht vergisst. So möchte Julenissen, dass alle Tiere zu Weihnachten besonders gut gefüttert werden. Für alle Tiere im Stall soll es eine Extraportion geben und für die Vögel soll eine Ration „Julenek", eine Garbe Hafer, aufs Fensterbrett gelegt werden. Außerdem muss der Kobold, der das Haus beschützt, mit einer Schüssel Brei verwöhnt werden. Zu guter Letzt möchte auch Julenissen selbst noch ein Schälchen Grütze ans Fenster gestellt bekommen. Haben die Kinder all diese Aufgaben erledigt, werden die Feierlichkeiten mit unzähligen hell klingenden Glocken eingeläutet. Jetzt trifft sich die ganze Familie zum Julebord, dem gemeinsamen Festessen, bei dem bis zu 60 verschiedene Speisen und das dunkle Weihnachtsbier Juløl serviert werden. Es gibt Schweinerippchen, Kronenbraten, einen riesigen Schinken, eingelegte Heringe in vielen verschiedenen Variationen. Zum Nachtisch schmeckt der süße Reis mit Fruchtsaft. Der „Julekaker", der ähnlich unserem Christstollen mit Koreander, Nüssen, Rosinen und Zitronat gewürzt ist, darf ebenso wenig fehlen, wie die sieben verschiedenen Kekssorten.
Erst nach dem Essen wird die Wohnzimmertür geöffnet und gibt den Blick auf den geschmückten Weihnachtsbaum frei, unter dem die Geschenke liegen. Nach alter norwegischer Sitte versammelt sich die Familie nun um den Weihnachtsbaum. Doch bevor es endlich Zeit für die Geschenke ist, singt die ganze Familie erst noch fröhliche Weihnachtslieder und tanzt um den Baum. Am nächsten Morgen geht die ganze Familie erst zum Gottesdienst und trifft sich anschließend wieder zu einem leckeren Weihnachtsessen.

Island
In der Zeit vom 12. bis zum 24. Dezember sorgen 13 Kobolde hier für manche Überraschung. Braven Kindern legen sie Süßigkeiten und weniger braven Kartoffeln in die Schuhe. Doch das war nicht

immer so. Jedes Kind kennt die Geschichte der Kobolde. Es sind die Söhne der Hexe Gryla und ihres Mannes Leppaludi, die sich früher einen Spaß daraus machten, unartige Kinder in die Berge zu verschleppen. Doch als die Kobolde einsahen, dass sie damit Angst und Schrecken verbreiteten, machte sich Jólasweinar, der Älteste, 13 Tage vor Weihnachten auf den Weg, um die Kinder zu beschenken. Der zweite Sohn folgte zwölf Tage vor dem Fest, der dritte elf Tage vorher. Als alle 13 Kobolde ihre Pflicht erfüllt hatten, sorgte Gryla für die Rückkehr ihrer Söhne und alle konnten glücklich das Weihnachtsfest feiern. Seither freuen sich die Kinder Jahr für Jahr auf die kleinen „Weihnachtskerle", auch wenn sie jetzt sogar täglich ein Fensterchen ihres mit Schokolade gefüllten Adventskalenders öffnen dürfen. Ebenso beliebt wie die Kobolde ist auch das „Laubbrot" mit seinem kunstvollen Muster, das auf keiner Festtafel fehlen darf.

Irland
Lange vor dem Weihnachtsfest beginnen die Menschen hier mit den Vorbereitungen. Für das Festmahl müssen Plumpudding, Räucherlachs, Truthahn, Krabbencocktail oder Kartoffeln mit Würsten zubereitet werden. Die Häuser wollen geputzt und geschmückt sein, Kränze und Mistelzweige dürfen an den Türen nicht fehlen. Und am Kamin sollten rechtzeitig die Strümpfe hängen, damit Father Christmas sie gleich findet und mit Geschenken füllen kann, die am 25. Dezember ausgepackt werden. Ist alles vorbereitet, gehen viele Menschen am Heiligen Abend in die Mitternachtsmesse und freuen sich über die Geburt Christi.

England

Für die Engländer ist Christmas eine sehr fröhliche Zeit. Doch das war nicht immer so. Im Jahre 1644 verbot die Kirche dieses Fest für die Dauer von zwölf Jahren, weil es ihr zu wenig christlich begangen wurde. Natürlich ließen sich die Menschen das Feiern nicht verbieten und feierten heimlich. Heute treffen sich die Menschen zum Weihnachtsfest auf den Plätzen und in den Straßen, um gemeinsam zu feiern und Aufführungen von Märchen oder historischen Geschichten zu besuchen. Da am Christmas Day jede Frau geküsst werden darf, die unterm Mistelzweig angetroffen wird, hängen diese unter vielen Türrahmen. In der Nacht vom 24. auf den 25. Dezember versteckt Santa Claus die Geschenke in den Strümpfen, die über den Kamin gehängt werden. Erst am 26. Dezember gibt es weitere Geschenke, die so wie früher das Weihnachtsgeld der Lehrlinge in Boxen verpackt sind. Wegen diesem Brauch wird dieser Tag „Boxing Day" genannt. Zum Weihnachtsessen gibt es neben anderen Leckereien gefüllten Truthahn, Plumpudding und Eierpunsch. Für ausgelassene Stimmung sorgen nicht nur die lustigen Papphütchen, die bei diesem Fest getragen werden, sondern auch die Christmas Crackers, die Knallbonbons.

Dänemark

Am Vorabend des Heiligen Abend treffen sich Freunde und Verwandte, um den kleinen Weihnachtsabend „Lillejulaften" bei Tee und Apfelküchlein zu feiern. Am 24. Dezember erhalten alle Familienmitglieder einen speziellen Teller mit Reisbrei, in dem eine Mandel versteckt ist. Wer die Mandel findet, hat im kommenden Jahr besonders viel Glück. Traditionell wird dieser Brei mit einem Silberlöffel gegessen. Damit jeder einen schönen Silberlöffel für diesen Tag hat, schenken sich die Menschen in Dänemark jedes Jahr zu Weihnachten einen. Ist die Mandel gefunden und haben alle genug gegessen, singt die ganze Familie Weihnachtslieder, wünscht sich „Glädelig Jul" und tanzt um den Weihnachtsbaum, der mit vielen kunstvollen Papierherzen geschmückt ist. Danach dürfen die Geschenke geöffnet werden. Die kommenden beiden Feiertage sind Besuchen bei Freunden und Verwandten vorbehalten, wo alle beim Mittag- oder Abendessen die weihnachtliche Stimmung genießen.

3.2 Mittel- und Westeuropa

Niederlande

In den Niederlanden – und im benachbarten Belgien – hat Sint Nicolaas eine sehr große Bedeutung. Kinder und Erwachsene nennen ihn deshalb auch gerne wie einen alten Freund Sinterklaas. Für die meisten Menschen hier ist Sinterklaas sogar wichtiger als der Kerstman, also der Weihnachtsmann. Sinterklaas bringt nämlich nicht nur Geschenke. Er ist auch der Schutzpatron der Seeleute. Und so ist es nur selbstverständlich, dass Tausende am Pier stehen, um Sinterklaas zu begrüßen, wenn sein Schiff Ende November in den Hafen einläuft. Und wer nicht selbst dabei sein kann, schaut sich die Ankunft von Sinterklaas live im Fernsehen an. Direkt aus Spanien kommt sein Schiff, voll beladen mit Geschenken für die Kinder, die sie aber erst in der Nacht vom 5. auf den 6. Dezember erhalten. Wenn Sinterklass auf seinem Schimmel den Boden betritt, begleitet ihn der Zwarte Pieten, Schwarze Peter. Um ihn friedlich zu stimmen, legen die Kinder Wasser, Möhren und Heu für sein Pferd bereit. Sogar die holländische Königin empfängt Sinterklaas im Palast. Überall finden große Prozessionen statt und singen die Menschen fröhliche Lieder. Im ganzen Land ist die Freude über die Ankunft so groß, dass bis Weihnachten fröhlich weitergefeiert wird. Doch Sinterklaas und seine Helfer müssen sich beeilen. In den nächsten Wochen reitet Sinterklaas auf seinem Schimmel von Dach zu Dach, um Naschereien und kleine Gaben durch die Kamine zu werfen. Am Abend des 5. Dezember, dem Pakjesavond, ist bei einem Festessen endlich die Stunde der Wahrheit. Mit Buchstaben aus Marzipan wird jedem sein Platz an der Festtafel zugewiesen. Nach dem Festmahl erhalten dann alle Familienangehörigen ihre Geschenke. Zu jedem Geschenk gehört ein Gedicht, ein Reim oder ein Vers, mit dem sich die Menschen gegenseitig verulken. Jedes Gedicht ist mit „Sinterklaas" unterschrieben. Und weil die Weihnachtszeit hier sehr fröhlich ist, sind auch die Geschenke manchmal sehr lustig verpackt und in der Wohnung versteckt. Oftmals gehen die Kinder am 6. Dezember mit Laternen durch die Straßen.

Luxemburg
Ähnlich wie in Holland und Belgien werden auch hier die großen Geschenke in der Nacht zum 6. Dezember verteilt. Nur Sankt Nikolaus nennt sich hier anders. Hier ist er unter dem Namen Klees'chen bekannt. Und sein Begleiter, der schwarze Peter, heißt hier Hoùsekern. Einige Wochen vor der Bescherung beobachten Klees'chen und sein Helfer die Kinder. Waren sie brav, füllt er ihre Schuhe mit Schokolade und Bonbons.
Den Heiligen Abend verbringt die ganze Familie bei einem Festessen am Tannenbaum, unter dem weitere Geschenke liegen. Die Geschenke dürfen aber erst nach der Christmette ausgepackt werden. Dabei wünschen sich alle gegenseitig einen „Schéi Chrëschtdeeg".

Frankreich
Früher bekamen die Kinder ihre Geschenke schon am 6. Dezember vom Saint Nicolas. Doch mittlerweile beschenkt Père Noël, der Weihnachtsmann, die Kinder in der Nacht zum 25. Dezember. Wie in England kommt er durch den Kamin und legt seine Geschenke in die blank geputzten Schuhe. Bevor die Geschenke ausgepackt werden, gibt es Gänsestopfleber und „Buche de Noël", den traditionellen Weihnachtsklotz. In früheren Zeiten war der „Buche de Noël" ein Holzklotz. Er wurde verbrannt, um mit seinem Feuerschein die bösen Geister zu vertreiben. Anschließend wurde seine

Asche als Glücksbringer auf die Felder gestreut. Heute ist der Weihnachtsklotz ein mit Buttercreme gefüllter Baumkuchen.
Am Abend zuvor treffen sich Familie, Freunde und Verwandte, um den Heiligen Abend gemeinsam zu verbringen. Le Reveillon, der Weihnachtsschmaus, ist der absolute Höhepunkt des Weihnachtsfestes. Oftmals wird in den bunt geschmückten Räumen eines Restaurants gefeiert, während ausgelassen getanzt und üppig gespeist wird.

3.3 Osteuropa

Polen
Bis der erste Stern am Himmel leuchtet, muss am Tag des Heiligen Abend gefastet werden. Erst dann lädt ein festlich gedeckter Tisch Freunde und Verwandte zum Weihnachtsessen ein. Bei der Vorbereitung der Festtafel wird ein Gedeck mehr aufgelegt, als Gäste erwartet werden. Es könnte ja sein, dass noch ein weiterer Gast zum Festessen kommt. Als Vorspeise gibt es eine Suppe und als Hauptgang Karpfen oder ein anderes Fischgericht. Vor dem Essen wird bei Kerzenschein das Weihnachtsevangelium vorgelesen und gebetet. Danach wünschen sich alle Anwesenden eine „Frohe Weihnacht", während sie die großen eckigen Backoblaten untereinander aufteilen, die bei keinem Weihnachtsfest fehlen dürfen. Mit dem Teilen der Weihnachtsoblaten bekunden alle, dass sie zur Liebe und Versöhnung bereit sind. Nach dieser Zeremonie setzen sich alle zum Essen an den Tisch, wo manch ein Kind ein Geldstück unter seinem Teller findet.

Tschechische Republik
Für die Kinder dieses Landes ist der 24. Dezember der Höhepunkt des Weihnachtsfestes. Hier kommt das Christkind nach dem Abendessen mit hellem Glockengeläut und verbirgt die Geschenke unter dem geschmückten Weihnachtsbaum. Am Tag des 24. Dezember wird meist nur eine Knoblauchsuppe gegessen, bevor es dann am Heiligen Abend Karpfen und Kartoffelsalat gibt. Nach altem Brauch

setzen die Kinder an diesem Abend kleine Kerzen in Nussschalen aufs Wasser und bringen sie durch vorsichtiges Pusten möglichst lange zum Schwimmen. Je besser das gelingt, um so länger wird das Leben des pustenden Kindes sein. Doch ein langes Leben allein macht nicht glücklich. Um zu sehen, was das nächste Jahr bringt, muss ein Apfel aufgeschnitten werden. Hat er ein glattes schönes Kerngehäuse, bedeutet dies Glück und Gesundheit. Und natürlich wollen alle wissen, welches Mädchen im nächsten Jahr heiraten wird. Um das zu erfahren, werfen die Mädchen einen Schuh vor die Tür. Zeigt seine Spitze zur Tür, wird es im nächsten Jahr Hochzeit feiern.

Ungarn

Wenn der Nikolaus am 6. Dezember nach Ungarn kommt, werden die Kinder mit Pralinen beschenkt. Die große Bescherung gibt es am Heiligen Abend, nachdem die Eltern das Festessen vorbereitet haben. Als Vorspeise gibt es eine Fischsuppe, als Hauptgericht gebratenen Fisch oder Pute und zum Nachtisch gefüllte Mohn- oder Nusshörnchen. Während die Eltern in der Küche das Weihnachtsessen vorbereiten, bauen die Kinder die Weihnachtskrippe auf und schmücken den Weihnachtsbaum. Sind alle Vorbereitungen abgeschlossen, singt die Familie Weihnachtslieder. Jetzt ist es Zeit für die Bescherung. Dies ist in Ungarn jedoch nicht die Sache des Weihnachtsmannes; hier bringen die Engel die Geschenke. Nach der Bescherung gehen viele Familien zur Mitternachtsmesse. Am 25. Dezember schlüpfen viele junge Männer in die Rolle der Hirten und spielen einige Szenen von der Geburt Christi nach. Mit einer Krippe gehen sie von Haus zu Haus, um ihre kleinen Theaterstücke aufzuführen. Zum Dank erhalten sie Süßigkeiten. Dieser und der folgende Tag gehören der Familie und den Verwandten, denn Weihnachten ist in Ungarn ein großes Familienfest.

Russland

Die Christen in Russland sind orthodoxen Glaubens. Deshalb gilt hier der julianische Kalender, nach dem die Fastenzeit am 25. Dezember zu Ende geht. Dies ist kein besonderer Tag, sondern ein normaler Arbeitstag. Das wichtigste Fest der Weihnachtszeit beginnt hier erst am Abend des 31. Dezember, wenn die Eltern von der Arbeit nach Hause kommen und den Tannenbaum schmücken. Einige Familien feiern dieses Fest trotz eisiger Kälte in der freien Natur und zelten im Schnee. Doch egal, wo die Familien an diesem Abend zusammen kommen, auf ihre Geschenke müssen die Kinder nicht verzichten. Gestützt auf einen Eiszapfen, kommt Väterchen Frost mit seinem Pferdeschlitten zu jedem Kind. Zum Schutz vor der Kälte trägt er einen roten oder weißen Wintermantel und einen dicken Pelz. Zur Unterstützung begleiten ihn ein Mädchen, das Schneeflöckchen, und ein Junge, das Neujahr. Bevor die Kinder ihre Geschenke auspacken dürfen, müssen sie zunächst ein Gedicht aufsagen, eine Geschichte erzählen oder ein Lied singen. Das eigentliche Weihnachtsfest wird jedoch erst am 6. Januar im Kreise der Familie gefeiert, denn dieser Tag ist das „Fest der Erscheinung des Herrn". Mittelpunkt des Festes ist ein besonders schöner, mehrstündiger Gottesdienst, bei dem viel gesungen und gebetet wird. Die Feierlichkeiten enden meist am 11. Januar. Das ist nach dem julianischen Kalender der Neujahrstag.

Estland

Fast jeden Tag in der Adventszeit beschenken die kleinen Kobolde Estlands die Kinder des Landes mit Süßigkeiten. Allerdings müssen die Kinder zuvor nicht nur sehr brav gewesen sein, sondern in diesen Tagen auch sehr sorgfältig alle Reisigbesen gesäubert haben. Es wird nämlich erzählt, dass unzählige Hexen in den langen Winternächten der Adventszeit auf ihren Besen unterwegs sind, um ihre Späße zu treiben. Und da sie dafür nicht genug eigene Besen haben, suchen sie überall nach weiteren Besen, mit denen sie fliegen können. Doch glücklicherweise eignen sich nur schmutzige Besen zum Fliegen. Erfüllen die Kinder ihre Aufgabe gewissenhaft, können die Hexen nichts verschwinden lassen und nichts verzaubern. Als Belohnung gibt es dann die kleinen Leckereien von den Kobolden. Und ehe sich die Kinder versehen, steht auch schon das Weihnachtsfest vor der Tür, das sie hier wie ihre Nachbarn in Finnland feiern. Nur die Kinder, deren Eltern aus Russland kommen, müssen bis zum 6. Januar warten, ehe Väterchen Frost zu Besuch kommt und kleine Geschenke bringt.

3.4 Südeuropa

Griechenland

Am Morgen des 24. Dezember ziehen die Kinder mit Triangeln, Glocken und Trommeln von Haus zu Haus und segnen diese mit ihren Lobgesängen, der Kalanda. Die Bewohner eines jeden Hauses sind darüber so erfreut, dass sie die Kinder, die mit der Kalanda das Glück überbringen, mit Kuchen, Nüssen oder Geldstücken belohnen. Das Kind, das als erstes das Haus betritt, erhält die meisten Gaben.
In dieser und den folgenden elf Nächten machen sich auch Kalikanzari, die kleinen griechischen Kobolde, auf den Weg und treiben ihr Unwesen. Sie lassen sich nur schwerlich vertreiben, einzig ein Feuer bietet Schutz vor ihnen. Deshalb werden in diesen Nächten überall Weihnachtsfeuer entfacht. In der Heiligen Nacht haben diese Feuer jedoch noch eine andere Bedeutung, sie sollen das Christuskind wärmen. Das ganze Jahr haben die Menschen beim Holzsammeln nach dem

besten und größten Holzscheit gesucht, um ihn als Christoxylo, als Weihnachtsscheit, in dieser Nacht zu verbrennen. Ins Feuer werfen darf das Christoxylo meist ein Glückskind. Ausgewählt wird als Glückskind nur ein Kind, dessen Eltern noch leben. Während es das Holzscheit ins Feuer wirft, darf es sich etwas wünschen.
Am 1. Januar hat denn auch für die Kinder in Griechenland das Warten ein Ende. Endlich bringt Vassilius die Geschenke und legt sie vor das Bett. Als Besonderheit gibt es an diesem Tag das Vassiliusbrot oder den Vassiliuskuchen, in den eine Goldmünze eingebacken ist. Sie gilt als Glückssymbol. Wer sie findet, hat ein ganzes Jahr lang Glück.
An diesem Tag ertönen auch wieder die Kalanda, die Lobgesänge der Kinder. Es ist der Tag des Heiligen Bassilios. Deshalb haben die Kinder diesmal eine Rute dabei, welche sie dem Hausherren und seiner Frau auf den Rücken tippen, ehe sie ihre Belohnung erhalten. Wichtig ist an diesem Neujahrstag, wer als Erstes das Haus betritt. Einige Menschen glauben, dass dies der Hausherr, sein ältester Sohn oder ein „glückliches Kind" sein sollten.
Nun dauert es nur noch wenige Tage, ehe auch in Griechenland der eigentliche Höhepunkt der Weihnachtszeit gefeiert wird. Im orthodoxen Kirchenjahr wird der 6. Januar, der Tag, an dem Jesus von Johannes dem Täufer getauft worden sein soll, besonders gewürdigt. Dieser Tag heißt in Griechenland Epiphania. Wasser wird gesegnet, damit die bösen Geister die Erde verlassen. Nach dem Gottesdienst geht der Priester durch den Ort, um jedes Haus zu segnen und alle Räume mit einem in Weihwasser getauchten Basilikumzweig zu besprengen.

Italien
In Italien feiern die Menschen die Weihnachtszeit ausgiebig. Sie beginnen damit schon am 6. Dezember, wenn San Nicola kommt und den Kindern die Geschenke vor die Schlafzimmertüre legt. Am 13. Dezember folgt dann Santa Lucia und beschenkt die Kinder ein weiteres Mal. Am Morgen des 25. Dezember finden die Kinder beim Aufwachen dann ihre großen Geschenke. Il Bambinello Gesu,

das Christkind, hat sie vor die Schlafzimmertüre oder unter den Tannenbaum gelegt. Und da Weihnachten in ganz Italien ein riesiges Familienfest ist, gibt es ein Festessen mit viel Lamm und Truthahn. Nur in einer Sache sind sich die Menschen hier nicht einig. Seit Ewigkeiten streiten sie, ob im Weihnachtszimmer ein Tannenbaum oder eine riesige Krippe stehen darf. Einzig den Menschen in Sizilien ist dies egal. Sie haben andere Sorgen und kümmern sich um das nötige Geld für die Geschenke. Da ihr Verdienst nur selten ausreicht, müssen sie auf ihr Glück vertrauen. Und so ist die Adventszeit dort die Zeit des Kartenspiels, in der jede Familie einmal pro Woche zum Weihnachtspokern einlädt. Am 6. Januar geht die Weihnachtszeit zu Ende und kommt die freundliche, alte Hexe Befana. Eigentlich hatte sie sich auf den Weg zur Krippe gemacht. Doch weil sie sich verspätet hatte, traf sie bei ihrer Ankunft das Christkind nicht an. Deshalb ist sie nun auf der Suche nach dem Christkind. Sie zieht von Dach zu Dach und fliegt durch den Kamin in jedes Haus. Und da sie nicht weiß, in welchem Hause das Christkind ist, hinterlässt sie überall ihre kleinen Geschenke. Wo immer sie blank geputzte Schuhe oder Strümpfe am Kamin hängen sieht, füllt sie Süßigkeiten hinein.

Spanien
In Spanien versammelt sich die ganze Familie am Heiligen Abend zu einem großen Festessen; es gibt Truthahn. Die eigentliche Feier beginnt jedoch erst um 24 Uhr mit dem Besuch der Misa del Gallo, der Mitternachtsmesse. Sämtliche Kirchen des Landes sind an diesem Abend bis auf den letzten Platz besetzt. Überall singen die Gläubigen alte spanische Weihnachtslieder. In jeder noch so kleinen Kirche gibt es eine kunstvoll aufgebaute

Weihnachtskrippe zu bewundern und möchte jeder das Jesuskind küssen. Nach der Messe versammelt sich die ganze Gemeinde auf dem Dorfplatz, um hier bei einem großen Feuer fröhliche Weihnachtslieder zu singen und zu tanzen.

Und weil die spanischen Kinder heute wissen, dass die größten Wünsche der Kinder in vielen anderen Ländern am Heiligen Abend erfüllt werden, erhalten auch sie an diesem Abend ihre Geschenke. Noch vor wenigen Jahren war das anders. Damals brachten die Reyes Magos, die Heiligen Drei Könige, den Kindern ihre Geschenke, wenn sie in der Nacht vom 5. auf den 6. Januar mit ihren Kamelen kamen. Natürlich kommen die Reyes Magos auch heute noch in dieser Nacht, auch wenn sie vielleicht nicht mehr ganz so viele Geschenke dabei haben. Deshalb schicken die Kinder ihre Wunschzettel wie früher an die Heiligen Drei Könige. Sie müssen einfach nur ihren Namen auf einen Briefumschlag schreiben: Queridos Reyes Magos del Oriente. Diesen Brief können die Kinder in jeden Briefkasten werfen, denn er wird bestimmt ankommen. Nicht selten sind die Könige jedoch schon einige Tage vorher unterwegs. Besonders häufig sind sie in den großen Kaufhäusern anzutreffen. Dort kümmern sie sich nicht nur um alle Geschenke, sondern nehmen auch die Wunschzettel der Kinder entgegen. Am Abend des 5. Januar fahren alle drei Könige in ihren prachtvollen Kutschen oder Wagen durch die Stadt. Ihre Wagen sehen oft wie fahrbare Paläste aus. Und auch die Könige sehen wunderschön aus in ihren kostbaren Gewändern. Selbst jetzt nehmen die Diener der Könige noch Wunschbriefe entgegen. In einigen Städten werden die Könige von Elefanten und Kamelen begleitet, die ebenfalls wunderschön geschmückt sind. Und manchmal begleiten sogar viele Gruppen fröhlicher Menschen den Zug der Drei Könige zu Fuß oder auf eigenen Wagen. Dann werden Bonbons in die Menge geworfen und manchmal gibt es sogar kleine El Roscon, kleine Drei-Königs-Kuchen. Nach dem Umzug feiern die Familien noch ein wenig zu Hause weiter und bewundern im Fernsehen die prächtigen Züge, die in allen großen Städten des Landes durch die Straßen gezogen sind. Bevor die Kinder an diesem Abend schlafen gehen, müssen sie noch einige Dinge für die Ankunft der Könige vorbereiten. Da die Könige am liebsten Sherry und Sekt mögen, werden drei der schönsten Gläser aus dem Schrank geholt und gefüllt auf den Balkon, die Terrasse oder ins Wohnzimmer gestellt. Natürlich denken alle auch an das leibliche Wohl der Kamele. Für sie werden Stroh und drei Möhren bereitgelegt. Am nächsten Morgen, wenn die Gläser leer getrunken und die Möhren vielleicht gar nicht mehr vorhanden sind, ist es Zeit nach den Geschenken zu sehen. An diesem Tag gibt es aber noch einen anderen Grund zur Freude. Es wird nämlich ein Gebäck mit kandierten Früchten gegessen, in das oftmals eine Überraschung eingebacken ist. Wer diese findet, hat das ganze Jahr Glück.

Portugal
Weihnachten ist in Portugal das bedeutendste Fest des Jahres, das die Menschen am liebsten gemeinsam mit der Großfamilie, mit Freunden und Nachbarn feiern. Allerdings wird nicht überall gleich gefeiert. So ist es in einigen Gegenden üblich, dass die Menschen auf dem Kirchplatz einen Baumstamm verbrennen, um sich dort nach der Mitternachtsmesse gemeinsam zu wärmen. In anderen Gegenden wiederum ziehen die Menschen von Haus zu Haus. Sie spielen Akkordeon, Querflöte, Gitarre oder Mandoline und singen Lieder zur Geburt des Christuskindes. Eines ist jedoch in ganz Portugal gleich. Die Menschen bringen zur Mitternachtsmesse Produkte vom Lande in die Kirche und legen diese dem Jesuskind als Geschenk vor die dort aufgebaute Krippe. Erst wenn alle ihre Geschenke überbracht haben und der Gottesdienst beendet ist, treffen sich die verschiedenen Festtagsgesellschaften zum Weihnachtsmahl. Es gibt Stockfisch, Kürbiskrapfen, Brotteigkrapfen oder Weißbrot mit Zimt und Zucker, das in Scheiben geschnitten und gebraten ist. Dazu wird Wein mit Honigrosinen getrunken.

3.5 Nordamerika

Kanada

Eigentlich gibt es in Kanada gar keine landestypischen Weihnachtsbräuche. Stattdessen haben all die Bewohner, die ursprünglich von Europa in dieses Land kamen, ihre alten Bräuche mitgebracht. Im Laufe der Jahre haben sich diese Weihnachtsbräuche in einigen Gegenden noch durch die aus den benachbarten USA ergänzt. So ist Kanada ein Land, in dem die Weihnachtsbräuche aus vielen Ländern eine gemeinsame Heimat gefunden haben. Die Menschen in British Columbia freuen sich bei der „Christmas Carolship Parade" über die mit Weihnachtslichtern geschmückten Boote, die hier über die Gewässer von Vancouver gleiten. Im französischsprachigen Montréal ertönen zur gleichen Zeit die „Christmas Carols" in der Notre-Dame Basilica, gespielt vom Montréal Symphony Orchester. Und in Winnipeg, der Weihnachts-Hauptstadt Kanadas, begrüßen eine Million Weihnachtsbäume die Gäste.

USA

Unendlich viele Lichterketten schmücken in der Weihnachtszeit die Straßen, Häuser und Vorgärten Amerikas. Überall duftet es am Weihnachtstag nach Truthahnbraten, der in jedem Haus zubereitet wird. Bei solchem Lichterglanz und solch köstlichen Gerüchen bereitet es Santa Claus sicherlich viel Freude, mit seinem Rentierschlitten durchs Land zu fahren und die Menschen zu beschenken. Viel Arbeit wartet auf Santa Claus in der Nacht vom 24. auf den 25. Dezember. Doch zum Glück hilft ihm das Rentier Rudolph. Gemeinsam mit den anderen Rentieren zieht es den voll beladenen Schlitten sicher von

Dach zu Dach, bevor es durch den Kamin in die Wohnstube geht. In vielen Häusern hängen dort festlich verzierte Strümpfe am Kamin. Die müssen jetzt nur noch gefüllt werden, bevor der Schlitten zum nächsten Haus weiterzieht. Am nächsten Morgen freuen sich alle über ihre Geschenke und wünschen sich „happy Christmas", eine fröhliche Weihnacht. Überall feiern an diesem Tag Familien, Freunde und Nachbarn lustige Weihnachtspartys. Es sind unzählige Weihnachtskarten unterwegs. Auf vielen steht dann „Happy Xmas". Dieser Gruß ist christlichen Ursprungs und wurde von der griechischen Schreibweise des Wortes „Christus" abgeleitet. Im Griechischen beginnt Christus nämlich mit einem „X".

3.6 Mittel- und Südamerika

Mexiko
Vor der Eroberung ihres Landes durch die Spanier feierten die Bewohner Mexikos in der Winterzeit die Ankunft des Gottes Huitzilopochtli. Das gefiel den Augustinermönchen gar nicht, wollten sie doch alle Bewohner Mexikos zu gläubigen Christen machen. Also ersetzten sie Huitzilopochtli einfach durch Maria, Joseph und die Geburt des Jesuskindes. Außerdem beschlossen sie, dass fortan jedes Jahr vom 16. bis 24. Dezember die Posada, die symbolische Herbergssuche stattfinden sollte. Seither begleiten viele Menschen Jahr für Jahr die bunten Umzüge, bei denen fantasievoll gekleidete Pilger alte Verse singen bis sie die „Herberge" erreicht haben. Auf ihrer Wanderung werden neun Pilger für einen Tag und eine Nacht von neun ausgewählten Familien aufgenommen. Dann ziehen sie weiter.
In der Heiligen Nacht wird zum Abschluss der Posada sehr laut und fröhlich mit Friedensfeuern und einem großen Feuerwerk gefeiert. Die Häuser sind mit Blumenkränzen geschmückt, die Fußböden mit Kiefernnadeln bestreut. Ein besonderer Spaß beginnt um Mitternacht. Dann beginnt die Zerschlagung der mit Früchten und Süßigkeiten gefüllten „Pinata", einem kunstvoll dekorierten Tongefäß.

Das ist jedoch nicht ganz einfach, weil dies mit verbundenen Augen erfolgen muss und nur drei Mal mit einem Kochlöffel zugeschlagen werden darf. Erschwerend kommt hinzu, dass das aufgehängte Gefäß zunächst einmal gefunden werden muss. Dieser Spaß dient jedoch nicht allein der Unterhaltung, sondern hat einen ernsten Hintergrund. Mit der Pinada sollen nämlich symbolisch die sieben Todsünden zerschlagen werden. Deshalb war dieses Gefäß ehemals sternförmig und mit sieben Spitzen ausgestattet – eine für jede Todsünde.

Paraguay
Die Feierlichkeiten zum Weihnachtsfest beginnen in Paraguay am 8. Dezember mit der Aufstellung der Krippenfiguren. Dekoriert werden die Krippen mit den „flores de palma", den Blüten der Palme, und den Früchten des Landes wie Bananen, Melonen, Mango, Orangen und Ananas. Am Morgen des Heiligen Abend wird in jedem Haus eine leichte Fruchtbowle angesetzt, um sie den Gästen dieses Tages zu servieren. Um 21 Uhr beginnt die Weihnachtsmesse mit einem Krippenspiel und vielen Gesängen. Anschließend gehen die Familien nach Hause, um sich mit einem kräftigen Abendessen für die bevorstehende Nacht zu stärken. Es gibt Sopa paraguaya, Chipa und gegrilltes Fleisch. Ab 24 Uhr wird dann bis in die frühen Morgenstunden in den Restaurants, Diskotheken und auf öffentlichen Plätzen getanzt und gefeiert. Für die Feiernden ist der Heilige Abend ein großes Freudenfest, zu dem auch ein richtig lautes Feuerwerk gehört. Die Bescherung erfolgt dann am 6. Januar mit dem Eintreffen der Heiligen Drei Könige.

Kolumbien
Schon am 14. Dezember beginnen die Feiern zum Weihnachtsfest. Die ganze Familie geht an diesem Tag in den Wald und sucht dort Moos für die Krippe. Gemeinsam wird die Krippe an diesem Tag mit Freunden aufgestellt. Bis zum Heiligen Abend werden sich alle Familienmitglieder bei Anbruch der Dunkelheit vor der Krippe versammeln, um gemeinsam zu beten, zu singen und zu musizieren. Diese kleinen Feiern gehen jeweils um Mitternacht zu Ende. Am Heiligen Abend findet dann die schönste Feier statt. Nach der Mitternachtsmesse kommen alle Menschen auf den Straßen und Plätzen des Landes zusammen, um gemeinsam zu tanzen, zu essen, zu trinken und das Feuerwerk zu genießen. Die Kinder erhalten in dieser Nacht zunächst nur ein paar kleine Geschenke und einige Süßigkeiten, um die Wartezeit bis zum kommenden Morgen zu verkürzen. Am Morgen des 25. Dezember dürfen sie unter den Betten nach ihren Weihnachtsgeschenken suchen.

Brasilien
Viele verschiedene Kulturen haben das Weihnachtsfest in Brasilien geprägt. Die Kinder freuen sich auf Papai Noel. Er wohnt in Grönland und begibt sich auf die weite Reise nach Brasilien, um auch die Kinder dieses Landes reich zu beschenken. Vor der Bescherung werden die Zimmer mit Blumen geschmückt, denn es ist Sommer. Und natürlich gibt es ein reichhaltiges Weihnachtsessen mit Truthahn, Schinken, Reis, Gemüse und Früchten.

3.7 Australien

Zur Weihnachtszeit ist es in Australien sehr heiß. In vielen Orten herrschen hier Temperaturen von 35 Grad Celsius und mehr, denn es ist Hochsommer. Das ist natürlich kein Klima, um Tannenbäume aufzustellen. Da viele Einwohner Australiens ursprünglich aus Europa kommen, wollen sie auf diesen schönen Brauch dennoch nicht verzichten und behelfen sich oftmals mit einem Plastikbaum.

Zum Feiern treffen sich Freunde und Verwandte mit einem Truthahn im Picknickkorb am Strand zum „Australian Summer Christmas", wo sie Weihnachtslieder singen und grillen. Doch bevor es am Morgen des 25. Dezember zum Strand geht, gibt es die Geschenke. Auch Santa Claus hat sich an die hochsommerlichen Temperaturen Australiens gewöhnt und seinen Spaß am Strand. Erkennbar ist dies an seiner Kleidung und seinem Fahrzeug. Seinen dicken Wintermantel hat er gegen eine Badehose eingetauscht, seinen Schlitten gegen Wasserski. So braust er von einer Strandparty zur nächsten und beschenkt die ausgelassenen Kinder. Zu seiner Erfrischung steht auf jedem Fensterbrett ein kühles Bier statt einem Glas Milch.

3.8 Afrika

Kenia
Weihnachten ist für die Christen in Kenia ein Familienfest. Am Heiligen Abend gibt es ein großes Festmahl. Nach dem Essen müssen die Kinder das Haus reinigen, dekorieren und das Festessen für den nächsten Tag vorbereiten. Sind alle Vorbereitungen abgeschlossen, wird am Morgen des 25. Dezember eine Ziege geschlachtet und das Fleisch in der ganzen Familie verteilt. Anschließend gehen alle von Haus zu Haus und wünschen sich ein gutes Weihnachtsfest. Es werden Geschenke ausgetauscht und es wird gemeinsam bis zum Morgen gefeiert.

3.9 Asien

Japan
Obwohl es in Japan nur wenige Familien christlichen Glaubens gibt, ist das Weihnachtsfest hier erstaunlich weit verbreitet. Da die Feiernden natürlich keine eigenen Bräuche, Lieder und Rezepte für ihr Weihnachtsfest haben, mussten sie sich anders behelfen. Sie haben sich in den Vereinigten Staaten umgeschaut und einfach einige

Bräuche von dort übernommen. Nun singen auch die Kinder in Japan Weihnachtslieder, schreiben Weihnachtskarten und tauschen voller Freude Geschenke aus. Sogar einen Weihnachtskuchen aus Biskuit-Teig gibt es. Er ist mit einer nach Buttercreme schmeckenden Glasur überzogen und mit Bäumen, Blumen sowie einem Weihnachtsbaum verziert.

Philippinen
Viele Menschen auf den Philippinen gehören der katholischen Kirche an. Für sie beginnt die Weihnachtszeit am 16. Dezember und endet am ersten Sonntag im Januar. Nach der Mitternachtsmesse am 25. Dezember feiern die Familien gemeinsam mit einem leckeren Festessen weiter. Es gibt ein Buffet mit Hühnersuppe, Reis, Frühlingsrollen, gefülltem Fisch, Schinken, Nudelgerichten und Früchten. Außerdem wartet noch ein besonderer Höhepunkt auf die Kinder. Sie werden an diesem Abend von ihren Großeltern beschenkt.

Indien
Über 950 Millionen Menschen leben in Indien, von denen knapp 70 Millionen christlichen Glaubens sind. Damit ist die christliche Gemeinde in Indien zwar eindeutig in der Minderheit, aber dennoch größer als manch europäisches Volk. In einer so großen Gemeinde, die zudem in einem so großen Land wie Indien lebt, wurden die vielen heimischen Bräuche mit denen anderer Länder vermischt. Wo immer das Fest in Indien begangen wird, bunt und farbenfroh ist es immer. Überall gibt es Musik- und Tanzvorführungen, werden die Häuser und Bäume mit Lichtern dekoriert. In Goa schmücken Lichterketten die Stämme der Palmen. In Kaschmir werden Weihnachtsglocken bunt bemalt, Christbaumkugeln aus Pappmaschee hergestellt und wunderschöne Sterne aus Gold- oder

Silberfolie gefertigt. In Südindien brennen rund um die Häuser und auf den Dächern unzählige kleine Öllämpchen aus Ton. An die Kinder und Angestellten werden Geschenke verteilt. Am Heiligen Abend besuchen die Gläubigen mit ihren Familien die Mitternachtsmesse, um dort zwei bis drei Stunden mit viel Gesang die Geburt Christi zu feiern.

4 LICHTERGLANZ AUS ALLER WELT

Überall auf der Welt feiern die Menschen Lichterfeste. Obwohl viele Bräuche oftmals Gemeinsamkeiten aufweisen, haben sie eine andere Bedeutung.

4.1 Sankt Martin

Am 11. November ist Martinstag. Die Legende vom Sankt Martin kennt jedes Kind. Er war ein Krieger und ritt durch die eiskalte Nacht. Am Stadttor traf er auf einen in Lumpen gehüllten Bettler, der halb erfroren war. Als Martin ihn erblickte, hielt er an, zog seinen Mantel aus und durchschnitt ihn mit seinem Schwert in der Mitte. Eine der Mantelhälften gab er dem Bettler, der sich glücklich darin einhüllte.

Als sich Martin in dieser Nacht schlafen legte, hatte er einen Traum. Jesus erschien ihm und erklärte, dass er der Bettler gewesen sei. Deshalb habe er Martin nun zum Bischof von Tours ausgewählt. Doch Martin traute sich die hohe Würde nicht zu und versteckte sich in einem Gänsestall. Die Gänse aber schnatterten so laut, dass sie Martin damit verrieten.

Über Sankt Martin wird jedoch nicht nur diese Legende erzählt. Es gibt auch historische Quellen, die über sein Leben berichten. Beispielsweise ist bekannt, dass Sankt Martin aus der römischen Provinz Pannonien stammte, zu der damals auch das heutige Ungarn und die angrenzenden Länder gehörten. Sein Vater diente im römischen Heer. So lernte er das Christentum kennen und ließ sich taufen. Er wurde Priester und gründete ein Kloster. Später wurde er zum Bischof von Tours ernannt und hielt engen Kontakt zu den Bauern, denen er viele Geschichten von Jesus erzählte.

So wie einst Sankt Martin seinen Mantel mit dem Bettler teilte, hat das Helfen, Teilen und Spenden in vielen Religionen und Kulturen einen hohen Stellenwert. Überall auf der Welt werden die Menschen aufgefordert, füreinander zu sorgen oder zumindest die größte Not der Ärmsten zu lindern. Das wissen auch die Kinder und deshalb wollen sie ihren Beitrag leisten. Nicht zuletzt aus diesem Grunde gefällt ihnen die Geschichte von Sankt Martin, wie er auf seinem Pferd sitzt und dennoch den Bettler zu seinen Füßen wahrnimmt. Sie können sich gut vorstellen, wie es sein muss zu frieren und nichts zum Anziehen zu haben. Sankt Martin teilte ja nicht nur mit dem Bettler. Auch heute ist es üblich, dass er – symbolisch – teilt. Alle Kinder, die mit dem Laternenzug gehen, bekommen zum Abschluss ein Martinsweckchen. In vielen Dörfern gibt es sogar noch eine Verlosung und wird das Fest von der Feuerwehr mitorganisiert. Die Feuerwehrleute achten darauf, dass keine Brände entstehen, und gehen mit Pechfackeln an der Seite des Martinszuges mit. In manchen Gegenden wird der Brauch des Mantelteilens sogar nachgespielt. Nachdem die Kinder singend durch die Stadt oder das Dorf gezogen sind, treffen sich alle am Martinsfeuer, um sich dort zu wärmen. In der Nähe des Feuers erscheint Sankt Martin hoch zu

Ross und teilt seinen Mantel mit einem Bettler, der weit entfernt vom Feuer zusammengekauert auf dem Boden sitzt.

Bauernweisheiten zu Sankt Martin
Hat Martini weißen Bart, wird der Winter lang und hart.
Wenn um Martini Nebel sind, wird das Wetter meist gelind.
Martinstag trüb, macht den Winter lind und lieb.
Ein heller Sankt Martin – ein rauher Winter.

4.2 Luzia, das schwedische Lichterfest

Schon im Mittelalter war der 13. Dezember, der Tag der Heiligen Luzia, sehr bedeutsam, da dies nach damaligen Kalenderberechnungen der kürzeste Tag des Jahres war. Heute ist dies die Nacht vom 21. Dezember. Die Ursprünge des schwedischen Lichterfestes gehen zurück auf das Jahr 1600 und wurden erstmals 1780 aufgezeichnet. In dieser Zeit gingen Mädchen und Jungen, aber auch Bettler und arme Leute von Haus zu Haus, um zu singen und dafür etwas Geld oder Essen zu bekommen.
Gewidmet ist dieser Tag der Heiligen Lucia aus Syracus, die einst im Jahre 281 in Sizilien geboren wurde. Der Name Lucia ist aus dem lateinischen Wort „Lux" abgeleitet und bedeutet Licht. Die Legende in Schweden erzählt, dass sie einem Mann als Braut versprochen war. Am Grab der Heiligen Agathe von Catania hatte sie jedoch eine Erscheinung. Sie ließ sich taufen und wollte fortan nur noch in Armut und Keuschheit leben. Ihr Bräutigam war darüber sehr enttäuscht. Da zu dieser Zeit im Römischen Reich der christliche Glaube verboten war, zeigte er sie beim römischen Stadthalter an. Die 18-jährige Lucia wurde zum Tod verurteilt und sollte auf dem Scheiterhaufen verbrannt werden. Die Legende erzählt, dass die Flammen um ihren Kopf herum wie eine Lichterkrone loderten. Da die Flammen sie so nicht verbrennen konnten, sollte sie erdolcht werden. Doch obwohl ihr ein Dolch in den Hals gestoßen wurde, starb sie erst, nachdem sie die Heilige Kommunion empfan-

gen hatte.

Heute rufen viele Zeitungen in ganz Schweden zur Luzia-Wahl auf, die an diesem Tag in vielen Städten und Gemeinden zur Braut gekrönt wird. Schon in den frühen Morgenstunden machen sich im ganzen Land die Lichterzüge auf den Weg. Im Gegensatz zu früher bringen heute nicht nur die Mädchen, sondern auch die Jungen Licht ins Dunkel. Jedes Kind ist in ein weißes Gewand gehüllt. Jedes Mädchen trägt eine Kerzenkrone auf seinem Kopf und jeder Junge hält in der Hand einen Stab mit einem großen Stern. Manche Jungen verkleiden sich aber auch als Weihnachts- oder Wichtelmänner und tragen dann einen roten Mantel. Beliebt bei den Jungen ist zudem die Verkleidung als Pfefferkuchen, die zu dieser Zeit überall gebacken werden. Diese Jungen ziehen braune Gewänder an und verteilen während des Umzugs Pfefferkuchen. Oft ziehen die Kinder auch mit ihrer Schulklasse oder der Kindergartengruppe durch ihren Wohnbezirk und bringen den Menschen mit ihren Lichtern Freude und Glück. Meist erhalten sie dafür sogar kleine Geschenke. Die Luzia-Umzüge sind so schön, dass auch das Fernsehen darüber berichtet.

4.3 Lucia, das italienische Lichterfest

Ähnlich wie in Schweden wird auch in Italien die Heilige Lucia geehrt. Da hier jedoch eine etwas andere Legende erzählt wird, feiern die Menschen das Lichterfest hier etwas anders. So soll Lucia nicht nur all ihr Vermögen den Armen gegeben, sondern auch die von den römischen Stadthaltern verfolgten Christen heimlich mit Speisen versorgt haben. Da diese sich in dunklen Katakomben verstecken mussten, trug sie auf dem Kopf einen Kranz, an dem Kerzen befestigt waren. So beleuchtete sie die Gänge, um zu ihnen zu gelangen.
Heute wird an diesem Tag die „Torrone di poveri" zubereitet und an die Armen verteilt. Die „Torrone di poveri" ist ein fester Brei, der aus Kichererbsen und Zucker gekocht wird. In manchen Familien werden zudem Lucien-Weizen oder Lucia-Linsen in kleine Schalen eingesät. Bis Weihnachten keimen und wachsen sie so gut, dass sie am Heiligen Abend in die Krippendekoration einbezogen werden können. Die Keimlinge sollen daran erinnern, dass Lucia anderen Menschen aus der Not geholfen hat.

4.4 Chanukka, das jüdische Lichterfest

Der hebräische Name für das jüdische Lichter- oder Einweihungsfest lautet „Chanukka". Gefeiert wird dieses Fest im November oder Dezember. Das Chanukka-Fest ist ein sehr fröhliches Fest, das acht Tage lang mit der ganzen Familie und guten Freunden gefeiert wird. Es gibt Kartoffelpuffer (Lattkes) und andere in Öl gebackene Speisen, kleine Geschenke und Süßigkeiten. Besonders beliebt ist an diesen Tagen ein Würfelspiel mit dem Dreidel, das nur während des Chanukka-Festes gespielt wird. Der Würfel ähnelt einem Kreisel und hat vier Seiten. Auf jeder Seite steht ein Anfangsbuchstabe des Satzes „Nes gadol haja scham". Dieser Satz heißt übersetzt: Ein großes Wunder ist geschehen.

An jedem Abend des Chanukka-Festes versammelt sich die Familie mit ihren Gästen vor einem neunarmigen Leuchter, um dieses Wunder zu feiern. Die Lichter des Leuchters beruhen auf folgender Geschichte:

„Einst entbrannte ein Kampf zwischen dem Syrerkönig Antiochus Epiphanes und einem Teil der Juden, angeführt von einem Priester und seinen fünf Söhnen, den Makkabäern.
Antiochus hatte den jüdischen Tempel entweiht, indem er ein Abbild des Zeus darin aufstellen ließ. Er wollte das jüdische Volk zwingen, von seiner Religion abzufallen. Die Makkabäer zogen deshalb in den bewaffneten Kampf gegen die Truppen des Syrerkönigs.
Eine Kampfpause nutzten sie dazu, ihren Tempel wieder zu reinigen und neu zu weihen. Unter Anführung von Juda dem Makkabäer rissen sie die heidnischen Altäre nieder, reinigten die Hallen, fertigten neues Tempelgerät und einen neuen Altar.
Für das Wiedereinweihungsfest fanden sie jedoch nur noch ein Fläschlein mit Öl, das mit dem Siegel des Hohepriesters versehen und somit nicht entweiht war. Aber, so berichtet die Legende, das Öl reichte nicht nur wie gewöhnlich für einen Tag, sondern die Lichter brannten acht Tage lang.
So feiern die gläubigen Juden seit 164 vor Christi jedes Jahr acht Tage lang die Wiedereinweihung des Tempels."
(aus: Feste der Völker von Claudia Emmendörfer-Brößler)

In einigen Familien ist der Chanukka-Leuchter mit Kerzen ausgestattet, in anderen mit Öllämpchen. Am ersten Abend wird das erste Licht entzündet. An den folgenden Tagen jeweils ein weiteres Licht. Zum Anzünden der insgesamt acht Lichter wird immer das neunte Licht benutzt. Deshalb wird dieses Licht auch Diener, Bedienungslicht oder Schamasch genannt. Erst am letzten Abend brennen alle acht Lichter und der Schamasch. Meist steht der Leuchter gut sichtbar auf dem Fensterbrett. So können alle Menschen sehen, dass in dieser Familie das Chanukka-Fest gefeiert wird. Außerdem wissen sie so, der wievielte Tag dieses Festes jeweils ist.

4.5 Diwali, das hinduistische Lichterfest

Mit diesem weit verbreiteten Fest ehren die gläubigen Hindus ihre Göttin Lakshmi, die Frau des Gottes Vishn. Lakshmi ist die Göttin des Glücks und des Reichtums. Da auch die Menschen in Glück und Wohlstand leben möchten, wenden sich die Gläubigen an die Göttin Lakshmi und erbitten ihre Hilfe. Die Bräuche für das hinduistische Lichterfest Diwali gehen auf verschiedene Legenden zurück. Gemeinsam ist all diesen Legenden jedoch der Sieg des Guten über das Böse. Die bekannteste Legende erzählt die Geschichte vom Gottkönig Rama und seiner schönen Sita, die einst in der Verbannung leben mussten. Als Rama nicht bei seiner Sita sein konnte, nutzte der Dämonenherrscher Ravana die Gelegenheit und entführte sie. Erst nach unzähligen Abenteuern und mit Hilfe des Affengottes Hanuman konnte Sita schließlich wieder befreit werden. Da der Sieg des Guten über das Böse immer auch ein Neubeginn ist, wird dieser mit einem großen Fest gefeiert.

Das wichtigste Symbol dieses Festes sind kleine aus Ton gefertigte Öllämpchen, mit denen jedes Haus geschmückt wird. Sie werden „Diwa" genannt, daher heißt dieses Fest auch „Diwali". Neben diesen Öllämpchen leuchten heute auch Kerzen und Lichterketten zum Fest.

Wichtig bei diesem Fest sind zudem die „Rangoli", die geometrischen Blumen-, Ranken oder Strahlenmuster. Sie werden vor den Haustüren aus Reis, farbigem Mehl und Sand angefertigt und sollen die Göttin Lakshmi einladen. Ein besonderer Höhepunkt des Diwali ist das große Feuerwerk, auf das sich besonders die Kinder freuen.

4.6 Spiele, Lieder und Gestaltungsideen

Laternen basteln
In vielen Ländern ist der Laternenzug als Martinsbrauch bekannt und wird von den Kindern freudig erwartet. Martinslaternen werden aus unterschiedlichen Materialien gefertigt, die je nach Alter der Kinder ausgewählt werden sollten. Bereits Vierjährige können einen aufgeblasenen Luftballon bekleben und daraus eine Laterne gestalten. Bedecken Sie einen aufgeblasenen Luftballon vollständig mit weißem feuchtem Seidenpapier. Anschließend bekleben die Kinder den Ballon mit vielen farbigen Seidenpapierschnipseln bis mehrere dünne Schichten entstanden sind. Ist der Luftballon fertig beklebt, muss er einige Tage trocknen, bevor er aufgeschnitten und herausgezogen werden kann. Durch das Kleisterpapier ist eine feste Form entstanden, die am oberen Rand sauber angeschnitten werden kann. Mit Blumendraht wird eine Aufhängung befestigt. Ältere Kinder können diese Grundform der Laterne weiterentwickeln und beispielsweise einen Gänsekopf mit weißen Federn gestalten.

Martinszug mit der Bahn

Sollte es in der Umgebung Ihrer Einrichtung eine Nebenstrecke der Bahn geben, können Sie einen Laternenumzug mit einer kleinen Bahnfahrt verbinden und dazu die Eltern einladen. Sie sollten die Bahn jedoch zuvor um Erlaubnis bitten, da das Besteigen der Züge mit brennenden Laternen in der Regel nicht gestattet ist. Voraussetzung für eine Ausnahmegenehmigung ist deshalb, dass die von Ihnen mitgeführten Martinslaternen aus nicht brennbarem Material angefertigt sind. Die Herstellung solch nicht brennbarer Laternen sollten Sie lange vor dem Martinstag planen, da Sie dafür viele leere Konservendosen benötigen. Die mit Wasser gefüllten Dosen werden in den Eisschrank gestellt. Ist das Wasser in den Dosen gefroren und haben sie so genug Festigkeit zur weiteren Bearbeitung, werden sie in die Werkbank eingespannt. Mit dicken Nägeln lassen sich nun Muster in die Dosen einhämmern. Zum Schluss müssen die verzierten Dosen nur noch mit einer Aufhängung aus Blumendraht und einem Teelicht versehen werden. Damit jedes Kind zur Martinszeit eine eigene Laterne hat, bitten Sie die Eltern um Mithilfe.

Für den Umzug werden am Morgen des Martinstages kleine Martinsweckchen gebacken. Für unterwegs wird heißer Kakao in einem Warmhaltetopf mitgenommen. Sobald alle Kinder im Zug sind, werden die Laternen aufgehängt. Dafür muss zuvor ein Draht von einer Gepäckablage zur anderen gespant werden.

Bitten Sie den Zugbegleiter beim Einsteigen, das Licht in Ihren Abteilen abzustellen, so dass der Zug nur durch die Laternen erhellt wird und die richtige Stimmung aufkommen kann. Während der Bahnfahrt singen alle gemeinsam die zuvor eingeübten Martinslieder. Solch ein Martinsumzug macht nicht nur Spaß, er bietet auch Gelegenheit, die Arbeit der Einrichtung in der Öffentlichkeit vorzustellen. Wenn rechtzeitig vor dem Martinstag die örtliche Presse informieren wird, macht auch die Bahn gerne mit und freut sich mit Ihnen über diesen Werbegag.

Lied zum St. Martin
Überlieferung aus Schleswig-Holstein

Ich geh mit meiner Laterne
und meine Laterne mit mir.
Da oben da leuchten die Sterne,
da unten da leuchten wir.
Ein Lichtermeer zu Martins Ehr!
Rabimmel, rabammel, rabumm.

2. Der Martinsmann, der zieht voran ...
3. Wie schön das klingt, wenn jeder singt ...
4. Ein Kuchenduft liegt in der Luft ...
5. Beschenkt uns heut, Ihr lieben Leut' ...
Mein Licht ist aus, ich geh nach Haus ...

Laternenzug auf der Stadtmauer
Um den Martinszug zu einem besonderen Erlebnis zu machen, gibt es viele Möglichkeiten. Haben Sie schon einmal daran gedacht, mit den Laternen über den Wall Ihrer alten Stadtmauer zu ziehen? Natürlich ist dies nur möglich, wenn die Mauer begehbar und gut gesichert ist. Laden Sie die Eltern und Großeltern der Kinder zu

diesem Ereignis ein, dann wird der Umzug ein wenig länger und zieht sich wie ein kleiner Lindwurm über die Mauer. Versäumen Sie nicht, die Presse einzuladen und die Öffentlichkeit von Ihrem Martinszug zu informieren. Vielleicht erhalten Sie sogar eine Einladung in den Rats- und Bürgersaal, um dort den mittelalterlichen Umzug mit heißem Kakao und Martinswecken zu beenden.

Laternenfest in der Höhle
In manchen Gegenden gibt es Felsen oder Höhlen, die gerne als Ausflugsziel für Familien oder Kindergärten und Schulen genutzt werden. Doch haben Sie solch einen Platz schon einmal in der Novemberdämmerung aufgesucht? Für die Kinder – und viele Erwachsene – ist dies eine ganz neue Erfahrung. Da auch für diese Exkursion nicht brennbare Laternen benötigt werden, können Sie wieder einmal leere Tetrapacks oder Konservendosen umgestalten. Die brennenden Laternen links und rechts des Weges führen von der Straße zur Höhle. Die bunten Fenster lassen den Weg geheimnisvoll leuchten. Schmücken Sie auch die Höhle mit ausreichend Laternen, bevor Sie sich darin feierlich mit den Kindern und ihren Familien versammeln. Verteilen Sie einige Schlaginstrumente und singen Sie gemeinsam einige Laternenlieder. Vielleicht gibt es sogar eine Mutter, die sie mit ihrer Querflöte begleiten kann. Das klingt in der Höhle besonders feierlich und macht diesen Martinszug zu einem unvergesslichen Erlebnis für die Kinder.

Schwimmende Laternen
Eine weitere Möglichkeit, den Martinstag zu einem außergewöhnlichen Ereignis zu machen, bietet ein kleiner Fluss oder See in Ihrer Nachbarschaft.
Die Kinder sammeln viele leere Tetra-Packs und schneiden den oberen Rand der Packung ab. Aus den Seitenwänden der Packung schneiden sie geometrische Formen heraus und hinterkleben diese mit bunten Transparentpapieren. Bevor die Kinder die zur Martinslaterne umgestaltete Verpackung aufs Wasser geben, müssen sie diese nur noch auf einem Stück Styropor befestigen und ein Tee-

licht hineinstellen. Diese „Inseln" leuchten in der Dämmerung besonders schön. Für die Kinder ist es beeindruckend zu sehen, wie ihre kleinen Laternen auf dem Flüsschen durch die Stadt oder über den Teich schwimmen, während sie diese am Ufer singend begleiten. Natürlich müssen die Laternen am Schluss wieder aus dem Wasser gefischt werden. Zur Erinnerung an diesen schönen Abend kann jedes Kind seine Laterne mit nach Hause nehmen.

Elternabend mit Gans
Abwechslungsreiche und fantasievolle Feste, die Sie gemeinsam mit den Eltern gestalten, sind für eine erfolgreiche Elternarbeit sehr wichtig. Nutzen Sie doch einmal den Sankt Martinstag für solch einen Elternabend und organisieren Sie für diesen Tag ein Gänse-Essen. Am Nachmittag bedecken die Kinder alle Tische mit Stroh und setzen ihre zuvor gebastelten Pappgänse hinein. Lassen Sie die Kinder überlegen, welche Eltern zusammensitzen sollen und helfen Sie Ihnen beim Schreiben der Tischkarten. Jetzt fehlen nur noch Teller und Besteck.
Am nächsten Morgen nehmen die Kinder die Plätze ihrer Eltern ein, während Sie Ihnen vom Verlauf des Abends berichten. Das wird den Kindern sicherlich gut gefallen und lässt sie am vorangegangenen Elternabend teilhaben. Zum Abschluss Ihrer Erzählung singen Sie mit den Kindern nochmals die Lieder, die Sie am Abend zuvor

gesungen haben. Bevor die Aufräumarbeiten beginnen, sollten Sie den Kindern ausreichend Zeit lassen, damit sie sich nochmals über den Elternabend austauschen können.

Mondspiel
Die Kinder beobachten den Mond am Himmel und stellen anschließend seinen Lauf nach. Dazu schneiden sie zwei Rechtecke aus Fotokarton aus. Eines dieser Rechtecke wird an zwei Seiten etwa 10 Zentimeter abgeknickt, so dass es selbst aufrecht stehen kann. In der Mitte wird ein Kreis von etwa 14 Zentimeter ausgeschnitten. Die beiden Rechtecke werden an den Seiten aufeinander geklebt, vorher aber wird das Loch in der Mitte mit durchsichtigem Architektenpapier beklebt. Nun wird der Mond ausgeschnitten. Er sollte einen Durchmesser von 15 Zentimeter haben. Ein fester Kartonstreifen wird an ihm befestigt, um ihn bewegen zu können.
Die Kinder können nun Neumond, Sichelmond, Halbmond und Vollmond spielen, in dem sie den Mond zwischen den schwarzen Kartonstreifen hinter dem Transparentpapier vorbeiführen. Ein starker Taschenlampenstrahl beleuchtet die Szene von hinten.

Das Spiel mit dem Dreidel
Dieses Spiel ist seit dem Mittelalter bekannt und wird in jüdischen Familien sehr gern gespielt, so auch beim Chanukka-Fest. Es ist bei Erwachsenen und Kindern gleichermaßen beliebt.
Der Dreidel ist ein vierseitiger Kreisel. Seine Oberfläche besteht zumeist aus Holz. Für sehr kostbare Ausführungen wird auch Silber oder Elfenbein verwendet. Ein einfacher Dreidel hingegen lässt sich auch aus einem Eierkarton anfertigen.
Neben dem Karton wird nur ein Filzstift, eine Schere, ein zehn Zentimeter langer Holzdübel und etwas Klebstoff benötigt.
Die Kinder schneiden ein Hütchen des Eierkartons

schin   nun   hej   gimel

ab und schreiben mit einem schwarzen Filzstift auf jede Seite die hebräischen Anfangsbuchstaben des Satzes „Nes gadol haja scham". Dieser Satz heißt übersetzt: Ein großes Wunder ist geschehen. Dann wird ein angespitzter Dübel durch ein kleines Loch im Hütchen gedrückt, bevor die Kinder ihn dort mit Klebstoff befestigen. Nun kann es losgehen. Alle Mitspieler erhalten zu Beginn des Spiels etwa zehn Nüsse, Rosinen, Knöpfe oder ähnliche Dinge als Jetons für ihren Einsatz. Jeder Spiel legt einen Jeton in die Mitte des Tellers. Abwechselnd dreht jeder Mitspieler den Dreidel. Alle beobachten gespannt, welcher Buchstabe nach oben zeigt. Jeder Buchstabe symbolisiert einen bestimmten Wert:

„Nun" bedeutet „Nichts", also gibt es nichts.

„Gimel" bedeutet „Alles". Der Spieler erhält alles, was auf dem Teller liegt. Alle anderen Mitspieler müssen einen neuen Jeton auf den Teller legen.

„Hej" bedeutet „Hälfte". Also bekommt der Spieler die Hälfte der Jetons, die auf dem Teller liegen.

„Shin" bedeutet „hineinlegen". Der Spieler muss zwei seiner Jetons in den Teller geben.

Das Spiel kann jederzeit beendet werden. Gewonnen hat, wer zu diesem Zeitpunkt die meisten Nüsse, Rosinen oder Knöpfe an seinem Platz liegen hat.

Neunarmiger Leuchter aus Ton

Die Herstellung eines neunarmigen Leuchters aus Ton ist nicht einfach. Wenden Sie sich deshalb an eine Töpferin oder einen Töpfer, der Ihnen dabei hilft. Die einzelnen Röhren, welche die Kerzen später halten sollen, können Sie selbst ausrollen und mit einer Vertiefung versehen. Den schmalen, fast filigranen Ständer, der die neun Röhren tragen und miteinander zu einem Leuchter verbinden soll, lassen Sie am besten von den Fachleuten anfertigen. Die Röhre für den „Diener", der die neunte Kerzen tragen sollte, muss etwas kleiner gestaltet werden. Die Anfertigung des Leuchters bietet viel Gelegenheit, um über Chanukka und die Geschichte seiner „Einweihung" zu erzählen.

Neunarmiger Leuchter aus Zeitungspapier
Bei der Herstellung dieses Leuchters können die Kinder gut mithelfen. Für die Standfestigkeit müssen jedoch die Erwachsenen sorgen. Die Kinder zerreißen alte Zeitungen und bestreichen diese Schnipsel dick mit Kleister, bevor sie diese zu 20 Zentimeter hohen Röhren gestalten. Während der Kleister einige Tage lang trocknet, verleiht dieser den Röhren binnen weniger Tage ihre Standfestigkeit. Als nächstes wird aus der leeren Verpackung einer Backpapierrolle oder Ähnlichem der Fuß des Leuchters hergestellt. Nachdem diese Verpackung mit neun Löchern für die Röhren versehen worden ist, wird diese ebenso wie die Röhren dick mit voll gekleisterten Zeitungspapierschnipseln umhüllt – natürlich werden die Löcher dabei freigelassen. Nach ein oder zwei weiteren Tagen Trockenzeit können die Röhren in die Löcher gesteckt werden. Bei diesem Vorgang sind die Steckstellen sorgfältig mit Zeitungspapierschnipseln zu verkleben, damit diese später kaum mehr sichtbar sind und dem Leuchter ein elegantes Aussehen verleihen. Nach einer weiteren Trockenzeit von fünf oder sechs Tagen kann der Leuchter bemalt werden. Der Farbauftrag sollte nicht zu dick sein und nach mehreren Trocknungsgängen wiederholt werden, damit er nicht abbröckelt. So wird der Leuchter mit jedem Farbauftrag stabiler und schöner. Achten Sie darauf, dass sich nach und nach alle Kinder an der Fertigstellung des Leuchters beteiligen, so dass er im Laufe der Zeit ein echtes Gemeinschaftswerk wird.
Wichtig ist zudem, dass Sie mit den Kindern immer wieder über den Sinn des neunarmigen Leuchters sprechen. Besonders gemütlich wird die Stimmung mit der passenden Musik. Lassen Sie sich beispielsweise von Giora Feidman auf seiner Klarinette begleiten (Feidman in Jerusalem, Pläne LC 0972, P.O. Box, 44041 Dortmund).

Neunarmiger Leuchter aus Holz
Benötigt werden Holzreste, große und kleine Garnrollen, Klebstoff und möglichst giftfreie Holzlasur. Ein größeres quadratisches Brett soll die Gesamtkonstruktion tragen. In der Mitte werden zwei bis

drei größere Garnrollen übereinander geklebt.

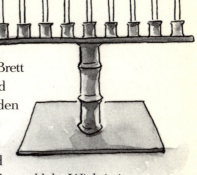

Als nächstes wird ein längliches, schmales Brett gebraucht. Es sollte 40 Zentimeter lang und zehn Zentimeter breit sein. Auf dieses werden die neun kleinen Garnrollen geklebt. Beide Bretter ruhen so lange, bis die aufgeklebten Garnrollen festgetrocknet sind. Danach wird das lange Brett auf die drei großen Garnrollen geklebt. Wichtig ist die gleichmäßige Ausrichtung der Konstruktion, damit der Leuchter keine Schieflage erhält.

Nach einem weiteren Trocknungsdurchgang kann die Lasur aufgetragen werden. Ist auch die Holzlasur getrocknet, fehlen nur noch die Kerzen. Diese werden in die Öffnungen der neun Garnrollen gesteckt und fertig ist der Leuchter. Jetzt können Sie mit den Kindern gemütlich auf den Abend warten, denn dieses Fest beginnt erst bei Sonnenuntergang. Feierlich wird am ersten Abend die erste Kerze angezündet. An den folgenden Abenden zündet jeweils ein anderes Kind ein Licht mehr an. Das neunte Licht heißt Schamasch. Am letzten Tag des Festes brennen dann alle acht heiligen Lichter und auch der „Diener". Besonders feierlich wird das Anzünden des Leuchters, wenn Sie dazu in Öl gebackene Speisen vorbereitet haben, die Sie nun gemeinsam essen.

Kerzenspiel

Zunächst werden kleine Kerzenreste und Walnusshälften gesammelt. Haben die Kinder die Walnussschalen mit einem kleinen Kerzenlicht versehen, wird eine große mit Wasser gefüllte Schüssel in die Mitte eines Tisches gestellt. Versammeln Sie sich nun mit den Kindern um den Tisch, so dass jedes Kind seine Walnusshälften vorsichtig auf das Wasser setzen kann. Nachdem ein älteres Kind die Kerzen angezündet hat, bringen alle Kinder ihre Schiffchen durch vorsichtiges Pusten zum Schwimmen. Während die Kerzen auf dem Wasser treiben, ertönt aus dem Kassettenrecorder oder CD-Player leise die Musik einer indischen Sitar.

Schattenraten

Spannen Sie ein weißes Tuch in einen offenen Türrahmen und strahlen Sie es mit einer starken Lampe an. Unbemerkt treten die Kinder und Erwachsenen nun einzeln oder in Gruppen hinter das Tuch und bewegen sich dort zwischen Licht und Tuch. Dabei muss darauf geachtet werden, dass sie nur im Profil zu sehen sind. Die anderen Kinder müssen nun raten, wer hinter dem Tuch welche Bewegungen macht.

Gewürze schnuppern

Indien ist seit hunderten von Jahren bekannt für seine vielen Gewürze. Einst brachten Händler wie Marco Polo diese wertvollen Gewürze über die alte Seidenstraße nach Europa. Die Reisen waren sehr beschwerlich und sehr gefährlich. So konnten sich damals nur wohlhabende Herrscher diese Gewürze aus Indien leisten. Mittlerweile hat sich dies geändert. Heute fehlen indische Gewürze in kaum einer Küche. Doch welches Kind kann diese mit geschlossenen Augen am Geruch erkennen?

Bevor dieses Schnupper-Memory beginnt, wird jeweils ein Gewürz in zwei leere Filmdosen gefüllt. Besonders gut eignen sich Pfeffer, Muskat, Kardamom, Nelken, Chili und Gelbwurz. Die Döschen erhalten entsprechend ihrem Inhalt eine Beschriftung auf der Unterseite und werden gut gemischt auf ein kleines Tablett gestellt. Ein Kind nimmt mit verbundenen Augen eine Gewürzdose vom Tablett, öffnet diese und erschnuppert das Gewürz. Hat es erkannt, um welches Gewürz es sich handelt, muss es mit verbundenen Augen die zweite Dose mit demselben Gewürz finden. Danach ist ein weiteres Kind an der Reihe. Ist die Suche zu schwierig, darf mit kleinen Hinweisen geholfen werden.

Gewürze zuordnen

Auch bei diesem Memory brauchen Sie jeweils zwei kleine Filmdosen für Gewürze wie Muskat, Nelken, Pfeffer und Curry. Die Gewürze werden bei diesem Spiel jedoch als Pulver und als getrocknete Pflanze benötigt. Aufgabe der Kinder ist, das Gewürzpulver der richtigen Pflanze zuzuordnen. Die Gewürze werden in jeweils eine Dose gefüllt und zur Kontrolle der richtigen Zuordnung mit jeweils gleichfarbigen Punkte auf der Unterseite der Filmdöschen versehen.

Öl-Lämpchen herstellen

Da Kinder gerne mit Ton arbeiten, wird ihnen die Herstellung eigener Öllämpchen viel Freude bereiten. Erklären Sie den Kindern zunächst, dass sich ein Öllämpchen ganz einfach formen lässt. Wichtig dabei ist nur, dass dieses kleine Gefäß oben mit einer Öffnung versehen werden muss, um es später mit Öl befüllen und einem Docht versehen zu können. Haben die Kinder ihre Öllämpchen fertig geformt, müssen diese im Töpferofen gebrannt werden. Zuvor können sie ihre Lämpchen nach eigenen Vorstellungen mit Tonfarben oder Glasuren verzieren. Sind die Öllampen fertig gebrannt und ausgekühlt, können sie benutzt werden. Geben Sie in jedes Lämpchen etwas Öl und versehen Sie es dann mit einem Docht, den Sie an der obere Spitze anzünden. Steht das Lämpchen an einem windgeschützten Ort, wird es ruhig und gleichmäßig brennen.

Räucherwaren
Schöne Düfte sind wichtig für eine entspannte Atmosphäre. Besonders stimmungsvolle Düfte können Sie mit indischen Räucherstäbchen und Räucherkerzen verbreiten. Je nach Geschmack und Situation gibt es süßliche, harzige, blumige oder würzige Duftnoten. Fragen Sie die Kinder, ob sie die unterschiedlichen Duftstoffe erkennen und welche Duftnote sie am liebsten riechen.

Färben mit Rotholz
Sammeln Sie mit den Kindern weiße Betttücher, die sie einfärben können. Als Färbemittel benutzen Sie Rotholz, das aus Ostindien kommt und zumeist in Bioläden erhältlich ist. Sollte Rotholz nicht erhältlich sein, können Sie auch Krapp als Färberröte verwenden. Stellen Sie aus dem Rotholz einen roten Sud her, in dem die gesammelten Tücher solange gefärbt werden, bis die rote Farbe intensiv genug erscheint. Um die Haltbarkeit der Farbe zu verbessern, verwenden Sie Essig als Fixiermittel. Sobald die rot gefärbten Tücher getrocknet sind, können Sie damit Ihre Räume schmücken.

Sankta Luzia-Lied

Die Nacht geht mit schweren Schritten
um Garten und Häuser herum.
In das dunkle Haus steigt mit brennendem Licht,
Luzia, Sankta Luzia, Sankta Luzia.
Die Nacht ist groß und stumm,
nun hört man Gesäuse wie Flügelschlag.
Weiß gekleidet mit Licht im Haar
steht Luzia auf der Türschwelle.
Sankta Luzia, Sankta Luzia.
Die Dunkelheit wird bald flüchten
aus den Tälern der Erde.
Sie spricht ein wunderbares Wort zu uns allen.
Der neue Tag soll wiederkommen,
steigen aus rosigem Firmament.
Sankta Luzia, Sankta Luzia.

Tre Peparkaksgubbar

Ein typisches skandinavisches Gebäck sind Peparkaksgubbar, zu deutsch Pfefferkuchen. Ihnen wurde auch das Lied über die „Drei Pfefferkuchenmänner" gewidmet.

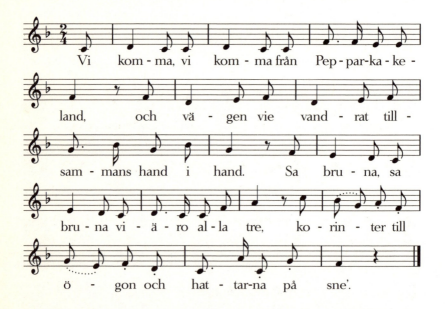

*Wir kommen vom Pfefferkuchenland
und den Weg, den gingen wir Hand in Hand,
gingen wir zusammen.
So braun sind wir alle drei,
Korinthen haben wir für die Augen
und die Hüte schräg.
Drei Männer kommen zur Weihnacht Hand in Hand.
Aber den Weihnachtsweg und den Bock (gemeint ist der Julbock)
haben sie am Herd zurückgelassen,
die wollten nicht zum Weihnachtsschwein reisen.*

„Fröhliche Weihnachten, Rachid"

In nur 15 Minuten erzählt der französisch-belgische Kurzfilm „Fröhliche Weihnachten, Rachid" der Matthias Film GmbH die Geschichte von Rachid und Ibrahim.

Die beiden Freunde sind muslimischen Glaubens und leben in einer belgischen Stadt. Dort ist alles festlich beleuchtet, denn die Weihnachtszeit hat begonnen. In den Schaufenstern türmen sich die Geschenke. Überall sind Weihnachtslieder zu hören. Als ihnen der Weihnachtsmann begegnet, wollen sie zunächst nicht glauben, dass er es wirklich ist. Als er die beiden Jungen dann aber in arabischer Sprache anspricht und sogar einiges über sie weiß, wundern sie sich und sind fasziniert von dem christlichen Fest, das bei ihnen ja nicht gefeiert wird. Nun wollen auch Rachid und Ibrahim Weihnachten feiern. Sie kaufen einen Weihnachtsbaum und Geschenke. Warum sollten sie das nicht tun? Schließlich essen ihre belgischen Nachbarn ja auch Couscous. Als sie am Heiligen Abend in die Kirche gehen, ziehen sie vor der Tür ihre Schuhe aus, so wie sie es tun, bevor sie eine Moschee betreten.

Fatimas Hand

Ein beliebtes Schmuckstück vieler Mädchen in islamischen Ländern ist ein kleiner Anhänger aus Gold oder Silber, der wie eine Hand aussieht. Das ist die Hand von Fatima, der Tochter des Propheten Mohammed. Diese kleine Hand der Fatima ist ein Talisman, der alles Böse fern halten soll. Dieser kleine Talisman ist immer ein schönes Geschenk und lässt sich mit ein wenig Geduld leicht selbst herstellen.

Besorgen Sie ausreichend Silberdraht, Seidenkordeln und kleine Rundzangen. Jedes Kind malt eine kleine Hand auf einen Karton. Dann versucht es, den Silberdraht nach dieser Vorlage zu formen. Das ist nicht so einfach. Die beiden Drahtenden müssen zusammengedreht werden. Das geschieht am besten oben, wo eine kleine Öse für das Halsband geformt werden muss. Zum Schluss kann für diesen kleinen Talisman noch eine kleine Schachtel zur Aufbewahrung gefaltet werden.

Das Zuckerfest

Drei Tage dauert das Zuckerfest. Alle Kinder sind vorher schon ganz aufgeregt und freuen sich auf die vielen Süßigkeiten, die sie geschenkt bekommen werden. Zunächst gibt es aber noch reichlich zu tun. Die ganze Wohnung muss gründlich geputzt werden. Es muss gebacken und gekocht werden. Wenn es endlich soweit ist, ziehen alle ihre schönsten Kleider an und sehen ganz feierlich aus. Die Kinder küssen ihren Eltern die Hand, heben sie an die Stirn und wünschen ihnen ein frohes Fest. Dann gibt es Lokum, eine türkische Süßigkeit.

Belimi

Dieses türkische Lied wird beim Zuckerfest gesungen. Die Kinder tanzen im großen Kreis. In den Händen haben sie bunte Stofftücher, an denen sie sich gemeinsam festhalten. Jedes Kind singt eine Zeile, die zum Schluss zu dem Lied zusammengefügt wird.

Be - li - mi hay - di tut e - lin - le
Men - di - li hay - di tut be - nim - le

dä - ne - lim gel gü - le gü - le.
dö - ne - lim gel gü - le gü - le.

Belimi haydi, tut elinle,
dönelim, gel, güle, güle,
Mendili haydi tut benimle,
dönelim, gel, güle, güle.

Fass' mich um die Taille,
drehen wir uns lachend,
Fass' das Tuch mit mir zusammen,
drehen wir uns lachend.

Ani Choyng

Die kleinen Kugeltrommeln, mit denen buddhistische Nonnen Musik machen, haben einen schönen Klang und können leicht nachgebaut werden. Zuvor werden nicht mehr benötigte Schachteln aus Pappe oder Plastik gesammelt. Außerdem werden für jede Kugeltrommel ein 30 Zentimeter langer Holzstab, buntes Tesaband, eine Kordel und zwei Holzperlen gebraucht. Mit einem spitzen Bohrer werden an zwei gegenüberliegenden Seiten zwei Löcher angebracht, durch die der Holzstab passt. Danach wickelt jedes Kind am oberen und unteren Ende des Stabes das Tesaband, damit der Stock nicht durchrutscht. Der Stab kann zuvor je nach Geschmack verziert werden. Die Kordel wird in der Mitte um den Holzstab geknotet. Sie muss so lang sein, dass die Perlen auf der Mitte der Dose aufschlagen können, wenn der Stab schnell gedreht wird. Solch eine kleine Kugeltrommel ist auch ein schönes Geschenk.

Lichterglanz aus aller Welt

Ton-Glocken

Diese kleine Tonglocke macht einen schönen Klang. Für jede Glocke brauchen Sie drei kleine Blumentöpfe aus Ton in unterschiedlichsten Größen, Kordeln und Perlen.

Eine Perle wird an das Ende der Kordel geknotet, im Abstand von wenigen Zentimetern folgt die zweite. Nun wird die Kordel durch das Blumentopfloch von unten eingeführt. Die erste Perle dient als Klöppel, die zweite zur Befestigung. Danach wird am oberen Ausgang noch eine große Perle festgeknotet, so dass der Blumentopf nicht mehr verrutschen kann. Fertig ist die Glocke. Man kann auch mehrere solcher Glocken übereinander befestigen und sie mit einem Holzstöckchen zum Klingen bringen.

Ganz wichtig ist, dass die Tontöpfe nicht mit Lackfarben bemalt oder mit Mustern beklebt werden. Dann klingen sie nicht mehr.

Wie der erste Panettone entstand

Am Tag vor dem Heiligen Abend hatte der Bäcker Francesco aus Mailand noch allerlei zu tun. Er musste noch einige Brote und Torten backen. Zunächst knetete er den Hefeteig für das Brot und stellte ihn zum Ruhen an die Seite. Neben diesem Teig stand schon eine riesige Schüssel mit Eiern, Zucker, eingelegten Trauben, aus denen Torten gebacken werden sollten. Allmählich wurde aus dem Hefeteig eine riesige Kugel, die der Bäcker bewundernd anschaute. Dabei stieß er aus Versehen die Schüssel um und sämtliche Zutaten für die Torten ergossen sich über den Hefeteig. Er war entsetzt. Wie sollte er jetzt noch die Torten für den nächsten Tag fertig bekommen. Ein Geselle wusste guten Rat. „Mach doch aus all diesen Zutaten einen Kuchenteig", sagte er. So geschah es. Schnell knetete der Bäcker Francesco alles zusammen und machte daraus einen

Kuchen. Den nannte er „Panettone". Seine Kunden waren restlos begeistert. Alle Leute kamen, um diesen neuen, ungewöhnlichen Kuchen zu kaufen. Das Rezept verbreitete sich über das ganze Land. Heute muss Panettone in ganz Italien zur Weihnachtszeit auf jedem weihnachtlich gedeckten Tisch stehen.

Befana selbst gemacht
Alle Kinder in Italien freuen sich auf den 6. Januar, der hier eigentlich Epiphania heißt. Das ist der Ursprung des Worts Befana. An diesem Tag kommt nämlich die Hexe Befana. Sie wird von Kindern geliebt, denn sie bringt ihnen Geschenke. Die Hexe Befana ist alt und kann kaum mehr kauen, denn ihr fehlen die Zähne. Die Kinder bereiten einen Teller mit Essen vor. Sicher ist die Hexe hungrig nach der langen Reise. Das Essen muss weich sein, damit sie es zu sich nehmen kann. Doch wie sieht Befana aus? Wie alle Hexen dieser Welt. Sie reitet auf einem Besen und hat wirklich viel zu tun. Weil sie durch den Kamin ins Haus kommt, sehen ihre Kleider schwarz und verrußt aus. Auch ihr Hut ist schwarz. Leider hat sie eine viel zu große Nase und einen Buckel. Aber so sehen Hexen eben aus.
Sicher haben die Kinder viel Spaß daran, selbst eine kleine Befana herzustellen. Sie benötigen Papprollen, Stoffreste, Holz- oder Wattekugeln in passender Größe, Kleber und Stifte. Zuerst wird die Holz- oder Wattekugel zu einem Gesicht bemalt. Dann werden aus den Stoffresten Kleider für die Papprolle geschnitten und festgeklebt. Die Arme werden aus Pappe ausgeschnitten und angeklebt. Ein Stück Stoff wird zu einem Sack zusammengenäht und Befana auf den Rücken geklebt. Zum Schluss wird die Holzkugel als Kopf befestigt. Solch eine kleine Befana ist auch immer ein schöner Tischschmuck.

Befana

Questa sera la Befana calagi ù per il camino,
in onor di Gesù Bambino la Befana calerà.

Heute Abend lässt sich die Befana durch den Kamin fallen,
zu Ehren des Jesuskindes wird die Befana fallen.

La Befana vien notte
Dieses Gedicht kennen fast alle Kinder Italiens:
La Befana vien notte
con le scarpe tutte rotte
Col cappello alla romana
viva viva la Befana.

Die Befana kommt, wenn alle Menschen ruhen.
Ihre Füße hat sie in kaputten Schuhen.
Sie trägt einen Hut wie Romana,
es lebe die Befana.
(Übersetzung von Claudia Emmendörfer-Brößler)

4.7 Rezepte

Kochbuch selbst gestalten
Kinder kochen gerne, besonders wenn sie ihre Eltern damit überraschen können. Ein schönes Geschenk ist zudem ein selbst gemachtes Kochbuch, in dem sie ihre Lieblingsrezepte aus aller Welt gesammelt haben. Fertigen Sie für die jüngeren Kinder Kopien der ausgewählten Rezepte an, die sie in ein Heft oder eine Mappe einkleben können. Jetzt müssen die Seiten nur noch mit passenden Fotos aus alten Zeitungen oder eigenen Zeichnungen illustriert werden.

Martinsweckchen
Zutaten:
500 Gramm Mehl
40 Gramm Hefe
etwas Milch
60 Gramm Butter
60 Gramm Zucker
1 Prise Salz
Zitronensaft

Das Mehl in eine Schüssel schütten und eine Vertiefung hineindrücken, in welche die zerbröckelte Hefe mit dem Zucker und die lauwarme Milch gegeben wird. Diese Zutaten vermischen und etwas Mehl darüber streuen. Diesen Vorteig etwa 20 Minuten ruhen lassen, bevor nach und nach die anderen Zutaten dazugegeben werden. Den Teig nun rühren bis Blasen entstehen und er sich gut von der Schüssel lösen lässt, dann zu einer Kugel formen. Diese leicht mit etwas Mehl einreiben und abgedeckt an einem warmen Platz gehen lassen. Hat der Teig sich auf die doppelte Größe ausgedehnt, ihn nochmals gut durchkneten. Jetzt können die Kinder daraus kleine Weckchen formen. Das können sie sehr gut und es bereitet ihnen viel Spaß. Auf einem gut gefetteten Backblech werden die Wecken dann etwa 15 Minuten gebacken.

Gänse backen

Zutaten:
250 Gramm Butter
80 Gramm Zucker
1 Päckchen Vanillezucker
4 Eier
750 Gramm Mehl, möglichst Vollkornmehl
2 Teelöffel Backpulver

Die Butter schaumig rühren. Nach und nach den Zucker, die Eier, das Mehl und das Backpulver hinzugeben. Dieses Gemisch zu einem Teig verkneten. Bevor der Teig ausgerollt werden kann, muss er kaltgestellt werden. In der Zwischenzeit den Körper und die Flügel einer Gans auf ein Stück Pappe oder Papier zeichnen und ausschneiden.
Den Teig ausrollen. Die vorbereiteten Schablonen auflegen und mit einem nassen Messer die Umrisse ausschneiden. Die Flügel mit etwas Eigelb auf den Körper kleben. Das Backwerk anschließend mit Eigelb bestreichen. Jetzt fehlen der Gans nur die Augen, die mit einem Paar Rosinen angebracht werden. Die Gans etwa zehn Minuten bei 200 Grad backen.

Gefüllte Martinsgans

Zutaten:
1 etwa 5 Kilo schwere küchenfertige Gans
250 Gramm Backpflaumen
500 Gramm Äpfel
2 Esslöffel Zucker
5 Esslöffel geriebenes Vollkornbrot
Zimt
Sahne, 2 Esslöffel Mehl, Salz, Pfeffer

Zunächst die Gans abwaschen, gut abtrocknen und von innen salzen. Die Backpflaumen müssen eine Nacht zuvor eingeweicht haben. Diese mit einigen Apfelstückchen, Zucker, geriebenem Brot,

Zimt und etwas Apfelsaft vermischen. Das Gemisch in die Gans füllen. Anschließend die Gans vernähen oder mit Zahnstochern verschließen. Drei Tassen Wasser, die restlichen Apfelstückchen und die gefüllte Gans in den Bräter geben.

Die Gans bei 200 Grad drei Stunden lang im Backofen braten lassen. Den Braten ab und zu mit dem eigenen Bratensaft begießen. In der letzten Hälfte der Bratzeit mit einer Gabel je nach Fettgehalt der Gans hin und wieder unter die Keulen stechen, damit das Fett abtropfen kann. Kurz vor Ende der Garzeit die Gans mit kaltem Salzwasser bestreichen und sie bei 250 Grad weiterbraten lassen. Das Bratenfett abschöpfen und etwas Wasser dazugeben. Anschließend das Mehl und die Sahne einrühren. Die Bratensauce etwa zehn Minuten köcheln lassen. Als Beilage zum Gänsebraten schmecken Knödel und Rotkraut am besten.

Latkes zum Chanukka-Fest
Zutaten:
500 Gramm geriebene Kartoffeln
2 Eier
50 Gramm Mehl
etwas Milch
Pfeffer, Salz
Öl zum Ausbacken

Die geriebenen Kartoffeln mit den anderen Zutaten zu einem Brei vermischen. In einer Pfanne etwas Öl erhitzen und zwei Esslöffel Teig hineingeben. Die Latkes auf beiden Seiten knusprig backen und diese möglichst heiß mit Apfelmus, Krautsalat, Kompott oder einfach nur mit Zucker und Zimt servieren.

Sufganiot – Krapfen
Zutaten:
500 Gramm Mehl
40 Gramm Hefe
etwas warmes Wasser

2 Teelöffel Zucker, etwas Salz
2 Eier
etwas Milch
Eiweiß
Marmelade
Öl zum Ausbacken

Das Mehl in eine Schüssel geben. Nach und nach die zerbröckelte Hefe und den Zucker untermischen. Das warme Wasser hinzugeben und daraus einen Teig kneten. Den Vorteig 20 Minuten gehen lassen und dann die anderen Zutaten untermischen. Danach den Teig nochmals gut durchkneten und ihn ausrollen. Den Teig mit einem Glas ausstechen. Auf eine Hälfte der ausgestochenen Formen etwas Marmelade geben und die Ränder mit Eiweiß bestreichen. Darauf ein zweites Teigstück drücken. Etwas Öl in der Pfanne erhitzen und die vorbereiteten Krapfen darin ausbacken. Nun die Krapfen nur noch mit Puderzucker bestreuen.

Bulau – Reisgericht
In einem Asia-Laden oder einer gut sortierten Lebensmittelabteilung je nach Anzahl der mitessenden Kinder und Erwachsenen ausreichend Basmati-Reis besorgen und ihn entsprechend der Anweisung auf der Packung kochen. Vor dem Servieren je nach Belieben Mandeln und Rosinen darunterheben.

Khir – Milchbrei
Aus Milch und Reisnudeln einen dicken Brei kochen und diesen mit Zucker, Kardamom, Rosinen, Pistazien sowie Mandeln verfeinern. Manche Familien färben und würzen diese Speise zudem noch mit Safran, dem teuersten Gewürz der Welt. Es wächst vorwiegend in Indien oder Sri Lanka und färbt die Speisen gelb.

Puris – Fritierter Vollkornfladen
Zutaten:
300 Gramm Vollkorn-Weizenmehl (Graham)
3 Esslöffel Butterfett
1/8 bis 1/4 Liter warmes Wasser
Pflanzenöl zum Ausbacken

Alle Zutaten vermischen und kräftig durchkneten, bis ein fester Teigball entsteht. Den Teig mindestens 30 Minuten ruhen lassen. Danach den Teig in etwa zwölf gleich große Portionen aufteilen und diese mit einer Teigrolle auf einer bemehlten Fläche zu etwa 13 Zentimeter großen Puris ausrollen. In einer Pfanne etwas Öl erhitzen und jeweils eine Portion hineingeben. Wichtig ist, dass die Fladen gleichmäßig ausbacken. Eventuell die Fladen vorsichtig ins heiße Öl drücken. Die ausgebackenen Puris anschließend auf Küchenkrepp legen, um das Öl abtropfen zu lassen. Warm serviert schmecken die Puris am besten.

Baingan Ka Rayta – Jogurt mit Auberginen-Püree
Zutaten:
500 Gramm Auberginen
2 Esslöffel Pflanzenöl
4 Esslöffel fein gehackte Zwiebel
1 Teelöffel Salz
1 Esslöffel Garam Masala (indisches Gewürz)
1 feste reife Tomate, fein gehackt
4 Esslöffel fein gehackte, glattblättrige Petersilie
1/4 Liter Jogurt

Den Backofen auf 200 Grad vorheizen. Die mehrfach eingeritzten Auberginen in eine Auflaufform legen und etwa 45 Minuten im Backofen garen lassen, bis sie weich sind. Die Auberginen etwas abkühlen lassen. Dann das Fruchtfleisch ausschaben und zerkleinern. In einer Pfanne die Zwiebel zusammen mit den restlichen Zutaten und dem Auberginenpüree andünsten. Das Gemisch etwa drei Minuten weiter dünsten und es sodann in eine Schüssel geben. Das Püree vorsichtig mit dem Jogurt vermengen und abkühlen lassen. Raytas können auch mit Minze, Zwiebeln, Gurken und Tomaten zubereitet werden. Diese erfrischenden Jogurtspeisen fehlen selten bei einer indischen Mahlzeit.

Ekuri – Gewürztes Rührei

Zutaten:
6 Eier
4 Esslöffel Milch
1/2 Teelöffel Salz
1/4 Teelöffel frisch gemahlenen schwarzen Pfeffer
3 Esslöffel Butterfett
1 Teelöffel geputzten, fein gehackten Ingwer oder etwas Ingwerpulver
3 Esslöffel fein gehackte Zwiebel
3 Esslöffel fein gehackte glattblättrige Petersilie
1/4 Teelöffel Gelbwurz
2 Teelöffel frische, fein gehackte, scharfe, grüne und rote Chilies
1/2 Teelöffel gemahlenen Kümmel

Die Eier mit der Milch und dem schwarzen Pfeffer verrühren. Der Eierteig darf nicht schaumig werden. Das Butterfett erhitzen. Nacheinander den Ingwer, die Zwiebeln, die Petersilie und die Gelbwurz unter das Butterfett mischen. Zum Schluss unter ständigem Rühren die Eier und die frischen Chilies dazugeben. Die Eierspeise vorsichtig stocken lassen. Danach das Rührei auf vorgewärmten Tellern anrichten und mit Kreuzkümmel bestreuen. Frische Tomatenscheiben und Petersilienblätter runden diese würzige Eierspeise ab.

Lassi – Jogurtdrink
Zutaten:
1/4 Liter eiskaltes Wasser
500 Gramm Vollmilchjogurt
4 Teelöffel Zucker
Fruchtsaft

Alle Zutaten in einem hohen Gefäss zu einer schaumige Flüssigkeit verrühren. Damit ist das Lassi beinahe fertig. Nur noch in vier Gläser füllen und auf den Glasrand je nach Geschmack eine Frucht- oder eine Gurkenscheibe geben. Dieses Erfrischungsgetränk möglichst kalt servieren.

Lussekatter med Saffran – Luzia-Katzen
Zutaten:
150 Gramm Butter
etwas Milch
50 Gramm Hefe
1.000 Gramm Mehl
2 Gramm Safran
150 Gramm Zucker
Salz
1 Ei

Die Butter in einem Topf erhitzen und unter Rühren die Milch nachgießen. Das Mehl in eine Schüssel geben. Vorsichtig die zerbröckelte Hefe, die leicht erwärmte Milch sowie den Zucker daruntermischen. Daraus einen Teig kneten. Nachdem der Teig etwas aufgegangen ist, ihn nochmals gut durchkneten und dabei die restlichen Zutaten beigeben. Lässt sich der Teig ohne zu kleben von der Schüssel lösen, muss er 30 bis 40 Minuten ruhen. Den Teig danach nochmals kurz durchkneten und mit den Kindern lange Rollen zu Lussekattern formen. Diese auf das Blech legen. Nun müssen sie nur noch mit Mandeln oder Rosinen verziert werden.

Bevor die Lussekattern in den vorgeheizten Backofen kommen und dort zehn Minuten bei 230 Grad backen, erhalten sie noch einen Anstrich mit Eigelb. Die Lussekattern zum Erkalten mit einem Tuch bedecken, damit sie schön saftig bleiben.

Schwedische Julkuchen

Zutaten:
250 Gramm Butter
120 Gramm Zucker
1 Ei
400 Gramm Mehl
1 Teelöffel Backpulver
1 Eiweiß, Prise Salz
5 Esslöffel grober Zucker
4 Teelöffel Zimt

Die Butter mit dem Zucker und dem Ei schaumig schlagen. Mehl, Backpulver und Salz dazugeben. Eine Teigkugel formen und sie drei Stunden im Kühlschrank ruhen lassen. Den Backofen auf 200 Grad vorheizen und den Teig auf einer eingemehlten Fläche dünn ausrollen. Nun können die Kinder mit einem kleinen Glas runde Formen ausstechen, diese mit Eiweiß bestreichen und auf ein eingefettetes Backblech legen. Bevor der Teig acht bis zehn Minuten gebacken wird, bestreuen ihn die Kinder noch mit Zucker und Zimt.

Lokum aus der Türkei

Zutaten:
2 1/2 Tassen Wasser
4 Tassen Zucker
1 Tasse Stärkemehl
3/4 Tasse Orangensaft
1 Teelöffel Weinstein (Apotheke)
rote Lebensmittelfarbe
Öl
Puderzucker

Das Wasser zum Kochen bringen und unter ständigem Rühren den Zucker hineingeben. Danach den Saft, den Weinstein und das Stärkemehl verrühren. Unter ständigem Rühren dieses Gemisch in das noch heiße Zuckerwasser geben und es 20 Minuten bei geringerer Hitze kochen lassen. Anschließend die Süßspeise in eine eingeölte Kuchenform gießen und sie darin abkühlen lassen. Das Lokum in kleine Würfel schneiden und diese mit Puderzucker bestäuben.

Baklava – Nussiger Blätterteig
Zutaten:
500 Gramm Mehl
250 Gramm Butter
300 Gramm Mandeln, Walnusskerne oder Pistazien
4 Eier
1/2 Becher Jogurt
800 Gramm Zucker
1 Esslöffel Zitronensaft
1 Esslöffel Honig
5 Tassen Wasser

Den Zucker, Honig, Zitronensaft und das Wasser zu einem Sirup kochen. Während er abkühlt, das Mehl, die Eier, den Jogurt mit etwas Wasser und der geschmolzenen Butter zu einem Teig kneten. Lässt sich der Teig von den Händen lösen, daraus 15 gleiche Kugeln formen und diese dünn ausrollen. Den Teig im Wechsel mit Nüssen, Pistazien und Mandeln auf ein gefettetes Backblech schichten und in kleine Rechtecke schneiden. Die Süßspeise in den Backofen geben und 30 Minuten bei 180 Grad backen. Anschließend mit dem angerührten Sirup übergießen.

Apfelspeise aus Tschechien

Zutaten:
750 Gramm geschälte Apfelstückchen
50 Gramm Zucker
Zimtstange
3 Nelken oder Spekulatiusgewürz
3 in Scheiben geschnittene Brötchen
1/8 bis 1/4 Liter Milch
Butter
100 Gramm Puderzucker
5 Eier
Semmelbrösel

Die geschnittenen Brötchen in lauwarmer Milch einlegen. Sodann die Apfelstückchen mit dem Zucker, der Zimtstange, etwas Wasser und den Nelken dünsten. Sind die gedünsteten Apfelstücke abgekühlt, diese mit einem Mixstab passieren. Eigelb und Eiweiß der fünf Eier trennen. Die Butter und den Puderzucker mit dem Eigelb vermischen. Dieses Gemisch unter das Apfelpüree rühren. Zum Schluss noch die eingeweichten Brötchen und das Semmelmehl hinzugeben. Ist alles gut verrührt, das steif geschlagene Eiweiß vorsichtig unterheben. Einige Semmelbrösel in eine gefettete Puddingform streuen und darin den Teig etwa eine halbe Stunde im Wasserbad garen lassen.

Kesaracha Bhate – Orangenreis aus Indien

Zutaten:
2 Tassen Reis
4 Tassen Wasser
100 Gramm Butter
1 Apfel
2 Apfelsinen
1 Tasse Rosinen
1/2 Tasse Mandeln
1 Esslöffel Zucker
1 Vanillezucker

Den Reis in der zuvor erhitzten Butter dünsten. Unter Rühren das Wasser nachgießen und den Reis bei geringer Hitze kurz zum Kochen bringen. Den Reis dann vom Herd nehmen und ihn ruhen lassen. Ab und zu etwas auflockern. Ist der Reis gar, die geschnittenen Früchte, die Mandeln, Rosinen und etwas Zucker unterheben.

Kourambiedes – Süßspeise aus Griechenland

Zutaten:
250 Gramm zerlassene Butter
100 Gramm Puderzucker
1 1/2 Teelöffel Backpulver
350 Gramm Mehl
50 Gramm gehackte Walnüsse

Das Backpulver und den Puderzucker mit der zerlassenen Butter verrühren. Anschließend mit dem Mehl und den Walnüssen zu einem Teig verkneten. Aus dem Teig dreieckige Plätzchen formen und diese im Backofen bei 175 Grad 15 Minuten backen. Je nach Belieben mit etwas Puderzucker bestreuen.

M Chalwich - arabische Eierflockensuppe

Zutaten:
4 Eier
einige Knoblauchzehen
getrocknete Pfefferminzblätter
Öl
Tomatenmark
roter Paprika
Kreuzkümmel
Salz
2 Liter Wasser
Weißbrot

Den geschälten und gewürfelten Knoblauch mit Salz und Kreuzkümmel in einem kleinen Mörser zerreiben. Das Tomatenmark mit Paprika etwa eine Viertelstunde in heißem Öl dünsten.
Vorsichtig das Wasser aufgießen und die Pfefferminzblätter hineinstreuen. Jetzt nur noch die gut verrührten Eier in die heiße Flüssigkeit gießen und schnell unter die Suppe rühren. Vor dem Servieren die Weißbrotwürfel in einer Pfanne knusprig anbraten und diese in die Suppe streuen.

Hummus Bi Tahini – Kichererbsenpaste aus Nordafrika
Zutaten:
200 Gramm getrocknete Kichererbsen
100 Gramm Sesampaste
2 Knoblauchzehen
Olivenöl
2 Esslöffel Zitronensaft
etwas Sesamöl
Salz, Pfeffer

Über Nacht die Kichererbsen einweichen. Diese dann etwa zweieinhalb Stunden in Salzwasser kochen, das anschließend abgegossen wird. Die gekochten Kichererbsen mit einem Mixer pürieren. Dabei nach und nach alle Zutaten dazugeben. Die Paste einige Stunden durchziehen lassen. Am besten mit Weißbrotfladen servieren.

SILVESTER- UND NEUJAHRSBRÄUCHE IN ALLER WELT 5

5.1 Bräuche und Rituale

Silvester und Neujahr in Deutschland
Natürlich wissen wir alle, dass alljährlich am 31. Dezember das Jahr zu Ende geht. Doch warum fällt das Jahresende ausgerechnet auf diesen Tag? Das ist eine spannende und auch ein wenig verwirrende Geschichte.
Überall auf der Welt sind im Laufe der Menschheitsgeschichte Kalendersysteme entstanden. Während in einigen Kulturen zur Berechnung des Kalenderjahres der Lauf des Mondes um die Erde herangezogen wurde, war es in anderen Kulturen der Lauf der Erde um die Sonne. Doch egal ob zu- und abnehmender Mond oder der Wechsel der Jahreszeiten unseren Kalender bestimmen, der 1. Januar ist und bleibt ein willkürlich festgelegter Jahresanfang. Eingeführt haben diesen Neujahrstag die Römer im Jahre 45 vor Christi. Seit die höchsten Beamten des römischen Reiches im Jahre 1153 beschlossen, ihr Amt jeweils am 1. Januar anzutreten, setzte sich dieser Tag allmählich als Neujahrstag durch. In Deutschland sollte dies aber bis zum Jahre 1691 dauern. Erst in diesem Jahre stimmte Papst Innozenz XII. dem 1. Januar als Datum für den Jahresbeginn zu und benannte den 31. Dezember nach seinem 335 verstorbenen Vorgänger Silvester. Für viele gläubige Christen begann das neue Jahr nämlich am 25. Dezember, seit der Jahresbeginn im Jahre 354 vom 6. Januar abgelöst worden war. Doch in weiten Teilen des Landes endete das Jahr weiterhin am 11. November. An diesem Tag war die Ernte eingebracht, das Vieh geschlachtet und Zahltag für die Landarbeiter.
Gleichwohl wurde Silvester zu einem wichtigen Datum. Die Menschen überlegten allerlei Dinge, wie sie das Glück für das neue Jahr herausfordern konnten. Mit viel Krach sollten in dieser Nacht die

bösen Geister vertrieben werden. Schießen und Peitschenknallen sollten für reiche Ernte sorgen und den Frühling anlocken. In einigen Gegenden bekamen die Tiere spezielle Neujahrsbrote und schlug der Bauer die Obstbäume mit einer Rute, um sie aufzuwecken.

Längst sind viele Bräuche in Vergessenheit geraten. Doch damals wie heute feiern die Menschen im Freundes- und Familienkreis, läuten um Mitternacht die Kirchenglocken das neue Jahr ein, sorgen unzählige Feuerwerkskörper für ohrenbetäubenden Lärm. Und damals wie heute werden Grußkarten mit Neujahrswünschen verschickt und an diesem Abend vierblättrige Kleeblätter, Glücksschweine, Schornsteinfeger oder Hufeisen als Glücksbringer verteilt. Es wird gegessen, getrunken, gesungen und getanzt.

Die Menschen wünschen sich ein gutes neues Jahr und einen „guten Rutsch". Dabei weiß kaum jemand, dass „guter Rutsch" aus dem Hebräischen „rosch haschana" abgeleitet und keinesfalls auf die Glatteisgefahr im Dezember zurückzuführen ist. „Rosch" heißt auf hebräisch „guter Anfang" und „Rosch Haschana" bezeichnet das jüdische Neujahrsfest.

Rosch Haschana und Jom Kippur

Nachdem der letzte Monat des jüdischen Jahres damit verbracht wurde, über das alte Jahr und sein eigenes Leben nachzudenken, beginnt das neue Jahr gleich mit mehreren Festen. Die Zeit des Rückblicks ist vorbei und die Menschen freuen sich nun auf das Neue, das das kommende Jahr ihnen und der gesamten Menschheit bringen wird. Aus diesem Grund wünschen sich die Menschen zum Jahresbeginn „rosch", was sinngemäß „guter Anfang" bedeutet, und nennen sie ihr Neujahrsfest „Rosch Haschana". Häufig gibt es zu diesem Fest ein ringförmiges Gebäck, das den Jahresrhythmus als Kreislauf darstellt. Gerne werden auch in Honig getauchte Äpfel als Symbol für ein süßes Jahr gegessen und Grußkarten mit guten Wünschen verschickt.

Bei aller Freude ist das jüdische Neujahrsfest aber ein besinnliches Fest. So wird der Schofar, ein angeschnittenes Widderhorn, geblasen, um das Reich Gottes zu würdigen. Außerdem gedenken die Juden beim Klang des Schofars ihrer alten Väter, insbesondere Abraham, und erinnern sie sich an die Gabe der Thora am Sinai. Eine Überlieferung berichtet zudem von einem himmlischen Buch, in dem die guten und die schlechten Taten aller Menschen aufgeschrieben sind. Es wird erzählt, dass dieses Buch in den folgenden neun Tagen geöffnet bleibt. Es wird erst wieder am zehnten Tag des Neujahrsfestes geschlossen. Am Tag des Jom Kippur, dem höchsten jüdischen Feiertag. Nach alter Überlieferung entscheidet Gott an diesem Tag, welches Schicksal er im kommenden Jahr für die gesamte Menschheit und insbesondere für die Juden vorgesehen hat. Die Menschen tun also gut daran, sich an diesem wichtigen Tag mit Gott zu versöhnen. Ursprünglich hieß dieser Tag deshalb „Jom ha-Kippurim", was sinngemäß „Tag der Sühnungen" bedeutet. Noch heute ist Jom Kippur im Leben der Juden von so hoher Bedeutung, dass selbst weniger religiöse Menschen diesen „großen Versöhnungstag" sehr ernsthaft begehen und an den feierlichen Ritualen in der Synagoge teilnehmen. Viele Erwachsene fasten an diesem Tag. Und sogar Kinder nehmen für einige Stunden am Brauch des Fastens teil. Verlässt eine Familie an diesem Tag ihr Haus, zündet sie zuvor eine große Kerze an, die den ganzen Feiertag brennen soll. Am Abend wird der Schofar geblasen, die Thora in der Synagoge geschlossen und zu später Stunde das Fasten gebrochen. Damit sind die Neujahrsfeierlichkeiten abgeschlossen.

Silvester in China
In China wie auch in Hongkong, Taiwan, Vietnam, Korea und Thailand feiern die Menschen ihr alljährliches Neujahrsfest mit Beginn des neuen Mondjahres. Daran konnte auch der 1911 eingeführte Sonnenkalender nichts ändern, demzufolge das neue Jahr am 1. Januar beginnt. Nach wie vor ist das traditionelle Neujahrsfest das größte Fest in China, wo es mindestens drei Tage lang gefeiert wird. In einigen ländlichen Regionen dauert das Neujahrsfest sogar 15 Tage lang.

Natürlich will solch ein mehrtägiges Fest gut geplant sein und nicht selten beginnen die Vorbereitungen einen Monat vor Ablauf des alten Jahres. Der Silvestertag ist für die meisten Menschen in China ein Tag, den sie mit ihren Familien verbringen möchten. Weil an Neujahr nicht gearbeitet werden soll, müssen vor Silvester sämtliche Einkäufe erledigt und sämtliche Speisen zubereitet sein. Das ist sehr zeitaufwändig, denn unglaublich viele Speisen werden die Feiernden in diesen Tagen serviert bekommen. Huhn und Ente, süßsaures Schweinefleisch und Gemüse, Reis und Teigpäckchen. Selbst Fisch darf am Silvestertag nicht fehlen, auch wenn er erst am darauf folgenden Neujahrstag gegessen werden darf. Das chinesische Wort für Fisch bedeutet nämlich sinngemäß „genug haben" oder etwas „übrig haben". Bleibt der Fisch also am Silvestertag übrig, wird die Familie auch im neuen Jahr immer einen reichlich gedeckten Tisch haben. Doch bevor es soweit ist, muss zunächst der Herd- und Küchengott Zaoshen verabschiedet werden. Am Abend des 23. Tages des letzten Monats eines Mondjahres, also sieben Tage vor Silvester, wird sich Zaoshen zum Jadekaiser, einer hohen Gottheit, begeben und ihm ausführlich berichten, was er bei seiner Familie gehört und gesehen hat. Natürlich soll Zaoshen dem Jadekaiser nur „Gutes" und „Süßes" über die Familie erzählen. Deshalb betupft die Familie seinen Mund mit klebrigen Süßigkeiten oder einem süßen Brei. Sollte Zaoshen dennoch etwas „Schlechtes" berichten wollen, werden seine Lippen sofort zusammenkleben. Nach diesen Vorbereitungen ist es Zeit zum Abschied. Die Familie verbrennt sein Bild, das seit dem letzten Silvesterabend neben dem Herd hing, und schickt ihn mit dem aufsteigenden Rauch in den Himmel. Wenn Zaoshen am Silvesterabend zurückkehrt, wird die Familie neben dem Herd ein neues Bild aufhängen.
In der Zwischenzeit muss das Haus in Ordnung gebracht und manchmal sogar renoviert werden, um in reinem Zustand das alte Jahr verabschieden und das neue Jahr begrüßen zu können. Besonders sorgfältig müssen die Türen geschmückt werden. Bilder von Glücks- und Reichtumsgöttern, Drucke mit guten Wünschen und rote Papierstreifen sollen dem Haus Glück, Erfolg und Reich-

tum bringen. Außerdem sollen sie das Haus vor dem Eindringen schlechter Götter und Geister beschützen.

Hat die Familie ihr Festmahl am Silvesterabend beendet, begibt sie sich nach draußen, um alle bösen Geister mit einem krachenden Feuerwerk zu vertreiben und alle guten Geister zu begrüßen. Auch der Herd- und Küchengott Zaoshen wird mit lauten Krachern willkommen geheißen. Soll er doch im kommenden Jahr wieder den Herd der Familie bewachen und sicherstellen, dass sie immer genügend zu essen hat.

Nach diesem Feuerwerk schenken die Eltern ihren Kindern rote Umschläge mit ein wenig Geld. Die Farbe rot symbolisiert das Glück und das Geld den Wohlstand. Mit diesem Geschenk wünschen die Eltern ihren Kindern, dass ihnen im neuen Jahr das Geld niemals ausgehen werde.

Am Neujahrstag besuchen sich die Familien gegenseitig und wünschen sich Glück für das neue Jahr. Dabei ist es üblich, dass die jüngeren die älteren Familien besuchen. Die Kinder zeigen den älteren Verwandten ihre Ehrerbietung mit einer Verbeugung, die man Kotau nennt. Bei diesen Besuchen erhalten die Kinder kleine Geschenke oder rote Umschläge mit Geld. Manchmal gibt es sogar ein neues Kleidungsstück. Mit dem dritten Tag des Neujahrsfestes werden neben Verwandten auch Freunde besucht.

Musik aus China
Fragen Sie bei der Landesvertretung der Volksrepublik China nach einem Tonträger mit landestypischer Musik. Mit etwas Glück erhalten Sie eine CD, die nicht nur viele verschiedene Melodien und Lieder, sondern auch ein ausführliches Begleitheft in englischer und chinesischer Sprache sowie ein Notenheft enthält. So können Sie die Stücke, die den Kindern besonders gut gefallen, mit etwas Übung auch selbst spielen.

Besonders gern hören Kinder die Stücke „Joy of Thousands of Years", „Moon in full Blossom", „Beautiful Spring" und „Song of Drum Dance". Das Stück „Kung Hsi Kung Hsi" wurde speziell für den Neujahrstag geschrieben. Mit Zimbeln, Trommeln und Gong sendet es Neujahrswünsche in alle Welt. Beeindruckend ist auch der Volkstanz „Palace Lantern Dance". Er erzählt die Geschichte von einem Mädchen, das mit Laternen in den Händen tanzt.

Reis
In vielen Ländern, so auch in China, ist Reis mehr als ein Hauptnahrungsmittel – er symbolisiert zudem Glück. Aus diesem Grunde darf er bei feierlichen Anlässen nicht fehlen und ist ein kleines Reisfeld im Blumentopf ein schönes Geschenk.
Kaufen Sie gemeinsam mit den Kindern etwas Paddyreis im Asienladen. Diese können die Kinder in einem Blumentopf in dichtem Abstand aussäen und mit Erde bedecken. Wichtig ist, dass die Kinder ihre Aussaat immer gut nass und warm halten. Am besten stellen sie den Topf in einen Übertopf und bewässern diesen immer ausreichend, ähnlich wie es auf den Reisfeldern geschieht. Bereits nach einer knappen Woche werden die Kinder erste kleine grüne Spitzen aus der Erde sprießen sehen. Weitere zwei Wochen später sind die Reispflanzen dann schon mehrere Zentimeter hoch. Mit etwas Glück können die Reispflanzen sogar eineinhalb Meter hoch werden.

Neujahrsmärchen aus Taiwan
Eine alte Witwe lebte allein mit ihren drei Söhnen. Sie webte traumhaft schöne Brokatstoffe. Sie verstand das Weben so gut, dass es schien, als würden Tiere, Blumen, Pflanzen und Vögel beim Weben lebendig. Diese Stoffe ließen sich in der Stadt gut verkaufen, so dass sie damit sich und ihre drei Söhne ernähren konnte.
Eines Tages ging die Witwe wieder in die Stadt, um ihre Stoffe zu verkaufen. Dort sah sie in einem Geschäft ein wunderschönes Bild mit einem Haus und einem zauberhaften Garten. Sie erfreute sich so sehr an diesem Bild, dass sie es kaufte. Doch Lebensmittel konnte sie nun keine mehr kaufen.
Ihre Söhne bestaunten das Bild, als die Mutter meinte, dass sie mit ihnen am liebsten darin wohnen wolle. Der Jüngste schlug vor, dass sie dieses Bild als Vorlage für einen Brokat nehmen könne. Das tat

sie und webte aus den schönsten Seidengarnen dieses Bild. Sie wollte gar nicht mehr damit aufhören. Doch ihre beiden ältesten Söhne waren gar nicht einverstanden, dass ihre Mutter solange an diesem einen Bild webte und keine Stoffe zum Verkauf herstellte. Weil die Familie aber Geld für Reis benötigte, meinte ihre Mutter, sie sollten doch Feuerholz sammeln und verkaufen. Das wollten diese aber nicht. Und so bestürmten sie die Mutter, doch wieder Stoffe zu weben und mit dem Bild aufzuhören.

Der Jüngste aber wollte seine Mutter glücklich sehen. Und während seine beiden älteren Brüder nur noch faul herumlagen, machte er sich auf und sammelte alleine das Holz. Über ein Jahr ging es so weiter. Die Mutter arbeitete Tag und Nacht, so dass ihre Augen schmerzten und tränten. Fielen die Tränen auf den Webstuhl, webte die Mutter an diese Stelle einen Bach und einen Teich. Als zwei Jahre der Arbeit vorüber waren, begannen die Hände der Mutter so sehr zu bluten, so dass nun auch Blutstropfen auf das Bild fielen. Dorthin webte sie eine Sonne und wunderschöne Blumen.

Endlich war sie fertig. Drei Jahre waren vergangen, seit sie mit der Arbeit begonnen hatte. Der Brokat war wunderschön. Die türkisfarbenen Wände des Hauses wechselten sich mit roten Säulen und einem blauen Dach ab. In dem Goldfischteich vor dem Haus spiegelten sich die zauberhaftesten Blumen, die im Garten blühten. Im Obstgarten wuchsen die köstlichsten Früchte und der Gemüsegarten wartete nur darauf abgeerntet zu werden. Der Weizen wogte auf den Feldern und der Reis stand saftiggrün. Der Bach schimmerte, als wäre er von Silbertropfen durchzogen. Die rote Sonne beschien die gesamte Landschaft. Die Mutter nahm das Brokatbild ins Freie, um die Farben noch genauer betrachten zu können. Da kam eine Windbö und trug das wunderschöne Bild davon. Sie bat ihre Söhne, das Brokatbild zu suchen.

Zuerst machte sich ihr ältester Sohn auf den Weg gen Osten, denn dorthin sah er den Stoff entschwinden. Lange musste er gehen, bis er nach einem Monat eine Höhle erreichte. Ein Steinpferd stand davor und daneben saß eine alte Frau. Außerdem war dort noch ein Baum mit roten Früchten. Er fragte die alte Frau, ob sie den Stoff gesehen habe. „Ich weiß, dass die Feen vom Sonnenberg den Stoff genommen haben. Du musst einige Aufgaben erfüllen, wenn du sie finden willst." Doch schon bei dem Gedanken, sich zwei Zähne ziehen und in das Maul des Steinpferdes legen zu müssen, ließ den Ältesten vor Angst erzittern. Niemals würde er es schaffen, über den Feuerberg und das Eismeer zu kommen. Die alte Frau hatte Mitleid und gab ihm ein Kästchen mit Gold, das er für gute Dinge ausgeben sollte. Er aber wollte nicht mit seiner Familie teilen und kehrte deshalb nicht nach Hause zurück.

So machte sich der mittlere Sohn auf den Weg und gelangte ebenfalls zu der Höhle. Die alte Frau erkannte, dass auch er die Aufgaben nicht schaffen würde. Und so erging es ihm, wie seinem älteren Bruder.

Also machte sich der Jüngste auf den Weg und tat, wie ihm geheißen. „Meine Mutter hat soviel gearbeitet, dass ich alles versuchen muss, den Brokatstoff wieder zu finden." Ohne zu zögern schlug er sich zwei Zähne aus, legte sie in das Maul des Steinpferdes und sah, wie das Pferd die roten Früchte des Baumes fraß. Auf dem Feuerberg war es sehr heiß und die Flammen züngelten an ihm empor. Dennoch blieb er ruhig. So überwand er auch das Eismeer und erreichte endlich den Sonnenberg. Er sah die Feen, wie sie den zauberhaften Brokatstoff seiner Mutter nachwebten. „Bald sind wir fertig", meinten sie. Obwohl sie sich sehr viel Mühe gegeben hatten, war der Stoff der Mutter doch viel schöner. Vor lauter Bewunderung stickte die schönste Fee ihr Gesicht in den Stoff und gab ihn dem Sohn zurück. Der stürzte sich auf das Pferd. Im Nu war er zurück bei der Höhle. Dort erwartete ihn bereits die alte Frau. Sie gab ihm seine beiden Zähne zurück und im selben Moment erstarrte das Pferd wieder zu Stein.

Voller Erwartung eilte der Sohn zu seiner Mutter, die ganz krank und schwach geworden war. Dennoch ging sie in die Sonne hinaus, um den Brokat bewundern zu können. In ihren Händen wurde der Stoff länger und breiter, bis er das ganze Tal bedeckte. Aus der Hütte erwuchs das wunderschöne Haus. Die Geräte und die Felder wurden Wirklichkeit. Das Bild war lebendig geworden. Neben dem

Haus stand eine zauberhafte junge Frau. „Du kennst mich," sagte sie zu dem Sohn. „Ich habe auf dem Sonnenberg mein Bild in den Stoff gestickt. In diesem wunderbaren Haus möchte ich mit dir und deiner Mutter wohnen. Hier bin ich nun!" Die Witwe umarmte die junge Frau und zog mit dem jungen Paar in das Haus. Kurze Zeit später feierten sie ihre Hochzeit und alle drei lebten glücklich zusammen.
Eines Tages kamen zwei Bettler zu dem Haus. Staunend erkannten sie in der Landschaft das Bild wieder, das vor langer, langer Zeit ihre Mutter gewebt hatte. Damals hatten sie ihr Gold nicht mit der Mutter teilen wollen, sondern es für nichtige Dinge ausgegeben. Nun waren sie bettelarm und wünschten sich nichts mehr, als auch in diesem Haus leben zu dürfen. Doch sie schämten sich so sehr, dass sie weitergingen und nie mehr wieder gesehen wurden.

Nouruz-Fest im Iran
Seit 600 vor Christi Geburt wird das iranische Neujahrsfest alljährlich am 21. März gefeiert. Nach dem Sonnenkalender findet an diesem Tag die Sonnenwende statt und werden die Tage wieder länger. Anders ausgedrückt, mit dem 21. März beginnt der Frühling. Dieses Ereignis ist für die Menschen im alten Iran ein großer Festtag. An diesem Tag siegt nämlich das Licht über die Dunkelheit. Und das muss ausgiebig gefeiert werden, drei Tage lang. Ganz früher dauerte ein richtiges Nouruz-Fest sogar 13 Tage.
Was immer sich im Iran in späteren Zeiten auch geändert hat, der Nouruz-Tag ist den Menschen immer sehr wichtig geblieben. Selbst als sie viele hundert Jahre später den Mondkalender einführten, änderten sie das Datum für ihr Nouruz-Fest nicht. Wie eh und je feiern die Menschen im Iran den Sieg der Dunkelheit über das Licht nach dem Sonnenkalender am 21. März.
Gleichwohl ist das Nouruz-Fest nicht einfach „nur" ein Frühlingsfest. Nouruz heißt nämlich sinngemäß „neuer Tag". Faravad ist der Geist der Wahrheit, der Erneuerung. Faravad bringt all jenen Menschen Wohlstand, die sich verständnisvoll, mitfühlend und großzügig ihrer Mitmenschen annehmen. Eine spätere Legende erzählt, dass König

Djamschid am Nouruz-Tag seine Palasttüren für sein Volk geöffnet und alle eingelassen haben soll. Einer anderen Erzählung zufolge, soll der Prophet Zarathustra an diesem Tag geboren worden sein. Natürlich wird vor dem Fest der „Erneuerung" überall gründlich geputzt und aufgeräumt. Es gibt sogar eine eigene Bezeichnung für diesen Frühjahrsputz: „Khane Tekani", was sinngemäß übersetzt „das Haus schütteln" heißt. Früher putzten die Menschen zum Nouruz-Fest nicht nur ihr Haus, sondern kleideten auch sich selbst neu ein. Als weiteres Zeichen für die bevorstehende Erneuerung müssen mindestens eine Woche vor dem Nouruz-Fest Linsen und Weizenkörner in Wasser gelegt werden, damit zum Festtag ihre grünen Spitzen sichtbar sind. Eröffnet wird das Nouruz-Fest mit einem großen Feuer, das am Mittwoch vor dem 21. März angezündet wird. Jeder, der das neue Jahr gereinigt beginnen möchte, muss über dieses Feuer springen. Der genaue Beginn des Nouruz-Festes wird im Iran über Radio, Fernsehen und die Zeitungen bekannt gegeben, da dieser nach dem Lauf der Sonne bestimmt wird.

In der heutigen Zeit hat das Nouruz-Fest nichts von seiner herkömmlichen Bedeutung verloren. Längst überfällige Besuche bei Verwandten und Bekannten können in diesen Tagen nachgeholt werden. Es ist das Fest der Familie, der Freundschaft und der Nachbarschaft. Es ist die Zeit, in der Streitigkeiten beigelegt werden. Es ist die Zeit, in der Gäste besonders aufmerksam bewirtet und mit Tee aus dem Samowar verwöhnt werden. Und es ist eine besondere Zeit für die Kinder. Am Nouruz-Fest werden sie nämlich reichlich beschenkt. Oftmals erhalten die Kinder auch Geldgeschenke. Wichtig dabei ist jedoch, dass es sich hierbei um druckfrische Banknoten handelt, da zum Fest der Erneuerung nur neue Geldscheine verschenkt werden dürfen.

In einigen Familien liest das Familienoberhaupt bei diesen gemütlichen Zusammenkünften auch aus dem Koran vor. Besonders beliebt sind beispielsweise die Geschichten über „Hadji Firuz", der in einem roten Gewand seine Späße treibt. Begleitet von Tamburin und Trommel singt und tanzt er auf den Straßen, trägt ulkige Verse vor und erheitert die Menschen, die ihn mit kleineren Geldbeträgen belohnen. In größeren Städten macht sich „Hadji Firuz" auch heute noch am Vortag des Nouruz-Tages auf den Weg, um mit seinen Späßen die Menschen zu erheitern. Am dreizehnten Tag nach dem Nouruz-Fest verabschiedet sich „Hadji Firuz" dann wieder bis zum nächsten Jahr.

Der dreizehnte Tag nach dem Nouruz-Fest ist aber auch aus einem anderen Grund kein besonders fröhlicher Tag. Dieser Tag ist ein gefürchteter Unglückstag. Wer einem eventuellen Unglück sicher entgehen will, sollte die Natur genießen und den Tag mit der Familie im Grünen verbringen. Bei diesem Ausflug kann auch das gezogene Weizen- und Linsengrün mitgenommen und in einen Bach oder in ein anderes Gewässer gesetzt werden. Das Wasser nimmt die jungen Sprossen mit auf seine Reise und symbolisiert damit, dass Verbrauchtes und Altes im neuen Jahr fortgeschwemmt wird. Um die reinigende Kraft von Erde, Wasser und Luft herauszufordern, wird dabei oftmals folgender Spruch gerufen:
Oh junges Grün, deine Frische und Kraft soll mein sein,
mein Leid und meine Krankheit sollen dein sein.

Wir feiern Nouruz in der Kita
Bitten Sie die Eltern rechtzeitig um Mithilfe beim Zusammentragen der Dinge, die Sie für eine kleine persische Neujahrsfeier brauchen. Erzählen Sie den Kindern, dass Sie für ein persisches Neujahrsfest nach alter Tradition einen Soffreh brauchen. Auf diesem Nouruz-Tisch müssen sieben Dinge liegen, die alle mit dem Buchstaben „S" beginnen. Das sind Sir (Knoblauch), Sombol (Hyazinthe), Sib (Apfel), Somagh (ein säuerliches Gewürz), Samanu (Weizensprossenbrei), Sabsi (Küchenkäuter) und ein wenig Serkeh (Essig).

Da Salz, Brot und Eier den Ursprung des Lebens symbolisieren, gehören diese ebenso auf den Tisch wie Kerzen, der Koran, Silber- und Goldstücke, Rosenwasser, Süßigkeiten, Schälchen mit Weizen- oder Linsengrün und Blumen. Ein Glas mit Goldfischen, die die Quelle des Lebens darstellen, sollten ebenfalls nicht fehlen. Besonders schön wird die Stimmung, wenn Sie zumindest an diesem Tag einige Fotos aus dem Iran aufhängen, ein paar schöne

Musik-CDs und einen Samowar ausleihen könnten.
Natürlich sollten sich auch die Kinder an den Vorbereitungen für diesen Tag beteiligen. Ihre Aufgabe ist es, zum Beispiel Hyazinthen in verschiedenen Farben zu ziehen und eine kuschelige Ecke mit vielen Sitzkissen einzurichten.
Ist der Nouruz-Tag gekommen, machen Sie es sich dort mit allen Kindern und möglichst vielen Eltern gemütlich und lassen im Hintergrund eine CD mit iranischer Musik laufen. Vielleicht gibt es in Ihrer Einrichtung sogar Eltern, die aus dem Iran kommen oder dort zu Besuch waren und den Kindern erzählen möchten, wie sie dort den Nouruz-Tag begangen haben.

Neujahr in Ghana
In Deutschland leben viele Menschen, die vor mehr oder weniger langer Zeit aus Ghana hierher gekommen sind. Natürlich feiern auch diese Menschen jedes Jahr ein großes Neujahrsfest, zu dem sie viele Gäste einladen und ein großes Festessen zubereiten. Wer aber glaubt, die Menschen in Ghana würden das neue Jahr ähnlich wie die Menschen in Deutschland beginnen, irrt gewaltig.
Zunächst einmal feiern die Menschen in Ghana eigentlich gar nicht das neue Jahr, sondern ihre Könige und Königinnen, die wiederum bei den Gottheiten und Ahnen für das kommende Jahr Schutz erbitten. Bei diesem fünf Tage dauernden Fest handelt es sich um das Odwira-Fest. Es ist eines der wichtigsten Feste in Ghana und findet nach dem traditionellen Kalender in der zweiten Septemberhälfte oder spätestens Anfang Oktober statt. Am schönsten sind die Feierlichkeiten in der Hauptstadt Ghanas, in Accra.
Der Begriff „Odwira" bedeutet sinngemäß „Heiligung" oder „Weihe", die am fünften Tag des Festes erfolgt. In der Nacht zuvor findet eine Prozession statt, an der nur teilnehmen darf, wer durch seine Geburt oder sein Amt dafür bestimmt ist. Alle anderen Menschen dürfen in dieser Nacht das Haus nicht verlassen, da für diese Prozession absolute Stille herrschen muss. Lediglich einige Trommelschläge, Lieder und Pfeiftöne unterbrechen diese Stille, während die auserwählten Prozessionsteilnehmer die heiligen Stühle aus dem eigens

dafür vorgesehenen Stuhlhaus zur zeremoniellen Reinigung tragen. Die heiligen Stühle sind keine gewöhnlichen Sitzmöbel. Sie beherbergen die Seelen oder Geister der Vorfahren und Ahnen. Diese leben nämlich weiter, um ihren lebenden Nachfahren im Notfall helfen zu können.

Am Vormittag des folgenden Tages, also dem letzten Tag des Odwira-Festes, kommen alle Könige und Königinnen des Landes in die Hauptstadt, um sich dem Volk zu zeigen. Einer der Könige wird den Gottheiten und Ahnen ein Speiseopfer bringen. Er wird Schafe, Rum und Geld opfern, um dann ein weiteres Jahr den Schutz für sein Volk zu erbitten.

Gegen Mittag beginnen die Umzüge der verschiedenen Königshäuser, die begleitet von Theater, Tanz und Gesang ihren Reichtum und ihre Macht zur Schau stellen. Haben sich alle Könige vor dem Okuapehene, dem mächtigsten König des Landes, versammelt, erhalten die Ahnen einige Kannen Wasser als Trankopfer. Danach geht das Fest allmählich zu Ende und werden zum Abschluss noch einige Reden gehalten. Auch der Okuapehene spricht zu seinem Volk, allerdings nicht selbst, sondern durch einen Sprecher. Für das Volk ist das Odwira-Fest damit jedoch noch nicht beendet. Es wird in dieser Nacht noch einmal ausgiebig tanzen und feiern.

5.2 Rezepte

Glücksschwein (Deutschland)

Zutaten:
250 Gramm ganze Mandeln
250 Gramm Puderzucker
2 Esslöffel Rosenwasser

Kochendes Wasser über die Mandelkerne gießen und nach einiger Zeit die obere Schicht der Kerne abziehen. Die abgezogenen Mandeln über Nacht gut trocknen lassen. Diese danach zweimal durch die Mandelmühle drehen. Das Mandelmus mit Puderzucker und

Rosenwasser in einen Topf geben und die Masse bei schwacher Hitze so lange rühren, bis sie sich gut vom Topfboden löst. Daraus kleine Schweinchen formen und diese bei etwa 140 Grad 10 bis 15 Minuten im Backofen trocknen lassen.

Möhrenblüten (China)
Jeder gedeckte Tisch wird zu einem besonderen Augenschmaus, wenn die Speisen fantasievoll verziert und die Gemüse kunstvoll geschnitten sind. So lassen sich aus geschälten Möhren mit wenigen Schnitten zauberhafte Blüten herstellen. Zunächst nur eine Möhre von oben nach unten viermal einkerben. Diese anschließend mit einem scharfen Messer in dünne Scheiben schneiden, um lauter Möhrenblüten zu erhalten.

Gebratener Reis mit Zwiebeln (China)
Zutaten:
2 Tassen Reis
3 Tassen Wasser
5 Frühlingszwiebeln
1 Zwiebel
2 Esslöffel Öl
Salz und Pfeffer

Den Reis in kaltem Wasser zum Kochen bringen. Während der Reis bei geringer Hitze gart, die fein geschnittenen Zwiebeln in heißem Öl dünsten. Dann den gegarten Reis und die Gewürze hinzugeben. Statt der Frühlingszwiebeln können auch andere Gemüsesorten für die Zubereitung dieses Reisgerichts verwendet werden.
Den warmen Reis in kleine Schalen füllen und mit etwas Schnittlauch bestreuen. Dieses Reisgericht können die Kinder übrigens auch gut mit Stäbchen essen. Einen besonderen Anreiz, dies auszuprobieren, bieten Stäbchen, auf denen zuvor die Namen der Kinder eingebrannt sind.

Hurnik (Iran)
Zutaten:
Weizengrütze
rote Linsen
Salz, Pfeffer
Paprika
Butter

Die roten Linsen in etwas Salzwasser kochen. Einige Minuten später die Weizengrütze hinzugeben und so viel Wasser nachgießen, dass ein Kochlöffel gut in dem Topf stehen kann. Bildet sich auf der Wasseroberfläche Schaum beim Kochen, diesen mit einem Löffel abschöpfen. Jetzt die Weizengrütze noch je nach Geschmack würzen und ganz zum Schluss mit möglichst heißer Butter verfeinern.

Kutlekk (Iran)
Zutaten:
500 Gramm Weizengrütze
Zwiebel
250 Gramm Mehl
250 Gramm Rindergehacktes
Salz, Pfeffer, Paprika
frische Petersilie

Die Weizengrütze eine halbe Stunde in warmem Wasser einweichen. Danach vorsichtig das Wasser abgießen. Die Grütze mit dem Mehl und den Gewürzen zu einem Teig verarbeiten. Ist der Teig gut durchgeknetet und lässt sich gut von den Händen lösen, ihn mit einem Tuch abdecken und etwas ruhen lassen.
In der Zwischenzeit die Fleischfüllung vorbereiten. In einer Pfanne mit erhitzter Butter die Zwiebeln und das Hackfleisch dünsten. Jetzt diese Füllung nur noch würzen und abkühlen lassen.
Dann die Teigmasse zu kleinen Bällchen formen. Die Teigbällchen mit einem Finger soweit aushöhlen, dass sie die abgekühlte Fleisch-

füllung gut aufnehmen können und sich danach wieder gut verschließen lassen. Je nach Geschmack die gefüllten Bällchen nun bei schwacher Hitze in kochendem Wasser oder im Backofen garen.

Grar (Iran)
    Zutaten:
    500 Gramm Rindergehacktes
    1.000 Gramm Weizengrütze
    250 Gramm Fadennudeln
    1 große Dose geschälte Tomaten
    Butter
    Salz, Pfeffer

Etwa eineinhalb Liter Salzwasser zum Kochen bringen. In einem anderen Topf die Nudeln in der zuvor erhitzten Butter braten, bis sie hellbraun sind. Die Weizengrütze dazugeben und vorsichtig das kochende Salzwasser aufgießen. Ist die Grütze weich gekocht, diese in ein Sieb schütten und das Wasser abtropfen lassen.
Nun das Hackfleisch kurz in heißer Butter anbraten und vorsichtig würzen. Die geschälten Tomaten dazugeben und die Fleischzubereitung bei schwacher Hitze köcheln lassen. Vor dem Servieren die Grütze mit der Fleischzubereitung vorsichtig in einer großen Schüssel vermischen.

Lammtopf (Iran)

Zutaten:
500 Gramm Lammfleisch
2 Paprika
2 Auberginen
5 kleine Kartoffeln
Salz, Pfeffer

Die geschälten und klein geschnittenen Kartoffelstückchen in Salzwasser kochen. Beide Auberginen der Länge nach halbieren und kurz in Öl anbraten. Dann auf einen Teller geben und ruhen lassen. Ebenso mit den Paprikaschoten verfahren, die zuvor entkernt und in Streifen geschnitten wurden. Nun das in Würfel geschnittene Lammfleisch kurz in Öl anbraten und es weiterschmoren lassen, bis es gar ist. Das gegarte Lammfleisch mit den gebratenen Gemüsezubereitungen schichtweise in eine Auflaufform legen. Den Fleischtopf etwa 20 Minuten im Backofen schmoren.

Süßer Reisbrei (Iran)

Zutaten:
150 Gramm Reis
3 bis 4 Eßlöffel Safranwasser
300 Gramm Zucker
100 Gramm Mandelscheibchen
Rosenwasser
125 Gramm zerlassene Butter

Aus Safran, Zucker und warmem Wasser das Safranwasser zubereiten. Den Reis etwa zwei Stunden in Wasser einweichen, dann das Wasser abgießen. Den vorgequollenen Reis zerstampfen und in einem Liter Wasser kurz aufkochen lassen. Den Reis weitere zwei Stunden zum Ausquellen an einen warmen Ort stellen. Zucker, Safran, Rosenwasser und Mandeln unter den Reis heben. So erhält dieser allmählich eine gelbe Färbung. Den Reis noch mit etwas Zimt bestreuen und mit grünen Pistazien verzieren.

6 SERVICE

Fachbücher

Feste der Völker.
Jährlich erscheinendes Kalendarium.
Claudia Emmendörfer-Brößler. Stadt Frankfurt am Main, Amt für multikulturelle Angelegenheiten (Hg.). VAS-Verlag. Frankfurt am Main.

Kinder brauchen Rituale.
Ein Leitfaden für Eltern und Erziehende.
Gertrud Kaufmann-Huber. Verlag Herder. Freiburg 1995.

Die Feste der Religionen.
Ein interreligiöser Kalender mit einer synoptischen Übersicht.
Reinhard Kirste, Herbert Schultze, Udo Tworuschka.
GTB Sachbuch. Gütersloher Verlagsbuch. Gütersloh 1995.

Zu Gast bei den Religionen der Welt.
Eine Entdeckungsreise für Eltern und Kinder.
Monika Tworuschka. Verlag Herder. Freiburg 2000.

Bücher zum Lesen, Erzählen und Mitmachen

Wir sind Kinder einer Welt.
Claudia Emmendörfer-Brößler. PeP – Projekte entwickeln für die Praxis. Verlag Herder. Freiburg 2001.

Feste der Völker. Ein multikulturelles Lesebuch.
70 Feste aus vielen Ländern und Religionen mit einer Einleitung von Eva Demski.
Claudia Emmendörfer-Brößler. Stadt Frankfurt am Main, Amt für multikulturelle Angelegenheiten (Hg.). VAS-Verlag. Frankfurt am Main 1999.

Von Advent bis Zuckerfest. Feste und Brauchtum im Jahreslauf.
Willi Everding. Luther-Verlag. Bielefeld 1996.

Weihnachtszeit oder Heiße Schokolade bei Signora Rosa.
Silvia Hüsler. Pro Juventute Verlag (Unicef). Zürich 1996.

Sirin wünscht sich einen Weihnachtsbaum.
Ingrid Kellner, Habib Bektas. Ravensburger Verlag. Ravensburg 1991.

Fremde Religionen – Vorlesebuch für Kinder von 8 bis 14.
Band 1: Judentum, Islam.
Monika und Udo Tworuschka. Patmos Verlag. Düsseldorf 1993.

Fremde Religionen – Vorlesebuch für Kinder von 8 bis 14.
Band 2: Buddhismus, Hinduismus.
Monika und Udo Tworuschka. Patmos Verlag. Düsseldorf 1994.

Feste der Religionen – Begegnung der Kulturen.
Gertrud Wagemann. Kösel Verlag. München 1996.

Kassetten, CDs, Videos

Aufregung um Weihnachten.
Spielfilm von Varis Brasla (ohne Altersbeschränkung).
72 Minuten. Farbe. VHS-Video-Kassette. Lettland 1993. Matthias Film Gemeinnützige GmbH. Stuttgart. www.matthias-film.de/

Welt-Lieder für Kinder.
Eckhart Bücken, Reinhardt Horn.
Buch mit CD, Meseror (Hg.). Kontakte Musikverlag. Lippstadt 1998.

Fröhliche Weihnachten, Rachid.
Kurzfilm von Sam Garbarski (ohne Altersbeschränkung).
15 Minuten. Farbe. VHS-Video-Kassette. Frankreich/Belgien 2000.
Matthias Film GmbH. Stuttgart. http://www.matthias-film.de/

Das Weihnachtswunschtraumbett.
Bilderbuchkino von Wolfram Hänel und Ursula Kirchberg. Gelsenkirchener Kinderbibliothek. Fernleihe über jede Bibliothek möglich.

Befana und der Hexenbesen.
Hexengeschichten und Zauberreime aus Italien und Deutschland.
Silvia Hüsler. Beltz Verlag. Weinheim 1992.

Luftpost für den Weihnachtsmann.
Bilderbuchkino von Brigitte Weninger und Anne Möller. Gelsenkirchener Kinderbibliothek. Fernleihe über jede Bibliothek möglich.

Internetseiten

www.blinde-kuh.de/weihnachten/index.htm
Themen rund um Weichnachten: Gedichte und Geschichten, Lieder, Surftipps und ganze viele Bastelanregungen

www.weihnachtsseiten.de/2001/wissenswertes/home.html
Wissenswertes und Brauchtum zu Weihnachten in aller Welt.